讀繪本
遊世界

著名繪本教學與遊戲

吳淑玲　策畫主編
紀明美、黃金葉等　著

策畫主編簡介

吳淑玲 ≫

學歷：東海大學中國文學碩士

經歷：國語日報主編、僑委會中國語文教科書編撰、國立編
　　　譯館漫畫腳本編撰

現職：任教於台北市立師範學院幼教系及輔仁大學進修部

策畫主編序

　　《讀繪本，遊世界》將台灣目前出版的繪本，細分為十四個國家：台灣、中國、日本、英國、美國、德國、法國、瑞士、義大利、西班牙、捷克、荷蘭、奧地利及澳洲；再以輕鬆、遊戲的方式，引領大小讀者深度認識這個國家的：

1. 地圖
2. 國旗
3. 國徽
4. 國花
5. 風景名勝（以一般兒童熟識地點為主）
6. 童謠
7. 著名作繪者作品
8. 主題網
9. 行動教學與遊戲
10. 你不可不知
11. 參考資料（包括網站介紹）
12. 教學圖片

　　誠摯期待爸爸媽媽陪著孩子，老師帶著學生，和我們一起來《讀繪本，遊世界》！

目 錄

讀繪本，遊世界：著名繪本教學與遊戲

IV

暢遊迪士尼樂園

世界童書在台灣——美國篇

【教案設計】

黃金葉——台北市立師範學院畢業
　　　　北縣金山國小附幼教師
陳尚玲——國立新竹師範學院畢業
　　　　北縣金山國小附幼教師

前言

　　幅員廣大的美國，有著眾多且各具特色的童書繪者，為童書世界帶來許多繽紛的色彩。在此，我們精挑細選出三位不同風格的繪者，艾瑞‧卡爾（Eric Carle）、謝爾‧希爾弗斯坦（Shel Silverstein）、大衛‧威斯納（David Weisner）。藉由艾瑞‧卡爾的活潑作畫技法與色彩鮮明且故事簡單扼要的風格；及謝爾‧希爾弗斯坦的簡單黑白繪圖，但在故事內容上卻富含深遠意義的風格；與大衛‧威斯納的天馬行空、充滿想像力的故事內容，帶領孩子進入有趣的童書世界，也讓孩子進入另一個國度——美國，希望透過不同的活動，加深孩子對美國的認識。

基本資料

波士頓

紐約

洛杉磯

華盛頓特區

國旗	藍色代表忠誠、奉獻、友誼、公正與誠實；紅色象徵勇氣、熱心與熱情；白色表示純潔與正直。星條旗中十三條紅白相間的橫紋代表獨立前的十三個殖民地區；左上角的藍底代表聯邦，五十個星星象徵美國現今的五十個州，每當州數增加時，星星數目就須變動。
國徽	盾面是國旗演變來的。美洲鷹是美洲的象徵，抓著的橄欖枝是代表和平，抓著的十三枝箭是代表保衛國土的戰爭，十三顆星是建國初的十三個殖民地區。
國花	玫瑰
主要語言	英語
首都	華盛頓
錢幣	美金

名勝景點

迪士尼樂園

設在距洛杉磯四十公里的阿納海姆（Anaheim），建於一九五五年，佔地一百五十平方英尺，裡面設有童話世界、明日世界、拓荒世界、冒險世界、紐奧良廣場等。著名的卡通人物如白雪公主及令人喜愛的米老鼠都是迪士尼的象徵。

大峽谷

位於亞利桑那州的大峽谷，是由高峻的山谷所對峙，分成南壁與北壁兩部分，長度約三百四十七公里，最深處一千六百公尺，而絕壁最高處二百八十四公尺。日出或日落時，大峽谷的岩壁會不時變換出紅、咖啡、紫等各種色澤。

尼加拉瓜大瀑布

尼加拉瓜大瀑布是美國與加拿大接壤處的觀光勝地，銜接五大湖中的伊利湖與安大略湖，是美加邊境奔流的尼加拉瓜河源頭的瀑布，在美國這一邊的瀑布落差約五十一公尺，寬達三百二十三公尺，加拿大方面落差四十八公尺，這兩個瀑布每秒鐘降水量多達五千四百立方公尺。

自由女神

自由女神像是於一八七六年美國建國百週年時，法國送的生日禮物，歷時十年，女神的唇寬達三呎，一八八四年法國把雕像拆開、裝箱，橫越大西洋送抵曼哈頓重新組裝後，它站在高八十九呎的基座上，對著曼哈頓的高樓大廈，右手高舉火炬；左手則持著一本法典，上面刻著美國獨立紀念日──一七七六年七月四日。自由女神除了是全美的象徵外，在多數好萊塢電影情節烘托下，也是光明燦爛美國夢的里程。

攀登自由女神是耐力與體力的考驗，一共有三百五十四階（約為二十二層樓高），可以三百六十度鳥瞰整個曼哈頓島上的都會景色。

 童謠

下列耳熟能詳之童謠，原曲出自美國，歌詞部分由國人自行填詞而成。

世界真細小

大家常歡笑，眼淚不會掉，時常懷希望，不必心驚跳，讓我們同歡笑，這個小世界，小小人間多美妙。世界真是小小小，小得非常妙妙妙，這是一個小世界，小得真美妙。

看那陽光照，看那月兒躍，良朋同歡笑，相依相微笑，任何人多甜蜜，心裡喜常照，小小人間多美妙。世界真是小小小，小

得非常妙妙妙，這是一個小世界，小得真美妙。

 # 著名童書作繪者及作品簡介

艾瑞‧卡爾（Eric Carle）

　　一九二九年生於美國紐約，父親美國人，母親德國人，十七歲進德國美術學院，二十三歲回美國，曾任紐約時報美術設計師。三十九歲畫第一本圖畫書《123 到動物園去》得到義大利波隆那獎。因少年時期就在德國接受威權式教育，直到二次大戰結束，幾乎未曾享受過成長的快樂時光，並對學校不抱任何希望，直到進入藝術學院就讀，才開始認真紮實學習。雖然一畢業即擔任時尚雜誌的藝術總監，但始終不能阻止艾瑞‧卡爾「回家」的夢想。一九五二年終於再次踏上美國土地，開始他另一個新里程。直到一九六七年有機會為孩子創作完成第一本書《棕色的熊、棕色的熊，你在看什麼》。此後，一本本精采的作品陸續誕生，使他成為廣受世界各地孩子喜愛的作者。

　　看艾瑞‧卡爾的作品，很難不被其展現的特殊風格所影響，因著自己求學時的夢魘，他執著於圖畫書的創作，特色之美是運用自製的紙張拼貼出一幅幅圖案簡單卻又色彩鮮豔的作品，文字精簡是他另一項特色，但在簡潔的故事中，卻傳達了無數的內涵，使我們感受生命的成長與蛻變《好餓的毛毛蟲》、《好安靜的蟋蟀》、《小種子》。體會愛與關懷《爸爸我要月亮》、《小羊和蝴蝶》。激發想像力的《看得見的歌》、《拼拼湊湊的變色

龍》。

　　一再重複則是艾瑞極擅長的講故事方式，也最能引起孩子的共鳴，更運用巧思將圖畫書變成一本可以玩的「玩具」，《好餓的毛毛蟲》就是最佳範例。他的創作都事先作畫紙，當有了故事的構想再利用其畫紙剪貼各種媒材拼貼而成一本圖畫書。由於他生長在農莊，崇尚自然也經常到動物園為動物寫生，所以許多活潑生動的動物躍然紙上成為圖畫書的主角。這樣精心為孩子們營造出色彩繽紛的故事，引領孩子進入美妙的事物中，同時也開啟了無數的自由想像之窗。

【表 1-1】艾瑞・卡爾在台灣出版作品一覽表

書　名	出版年份	出版社	得獎記錄
好忙的蜘蛛	1989	上誼文化	
好餓的毛毛蟲	1990	上誼文化	
小羊和蝴蝶	1991	上誼文化	
小種子	1991	上誼文化	
拼拼湊湊的變色龍	1995	上誼文化	
爸爸我要月亮	1995	上誼文化	
看得見的歌	1995	上誼文化	
好安靜的蟋蟀	1995	上誼文化	
棕色的熊、棕色的熊，你在看什麼	1999	上誼文化	
神秘的生日禮物	1999	上誼文化	
好寂寞的螢火蟲	2002	上誼文化	
你看到我的貓嗎	2002	上誼文化	
小袋鼠也有媽媽嗎	2002	上誼文化	
從頭動到腳	2002	上誼文化	

謝爾‧希爾弗斯坦（Shel Silverstein）

　　享譽美國文壇的繪本藝術天才謝爾‧希爾弗斯坦，一生創作無數，他的作品翻譯成二十多國語言，全球總銷售量超過一千八百萬本。謝爾的作品幽默、溫馨、簡單、樸實的插圖、淡淡的人生諷刺與生活哲學，不只吸引兒童更擄獲大人們的心，這樣一位優質作品的天才創作家，絕對能讓讀者找回失落已久的自己。

　　一九五二年在花花公子雜誌發表文章和漫畫，一九六四年他以《愛心樹》一書轟動文壇，奠定了他在當代美國兒童文學的地位。他更是一位著名的作詞者，填過許多歌詞包括強尼‧卡許（Johnny Cash）主唱的「一個叫蘇的男孩」，甚至創作鄉村歌曲及劇本，堪稱多才多藝的作家。《失落的一角》是他膾炙人口的作品之一，謝爾以簡潔有力的線條和文字闡釋一則有關完美和缺憾的寓言，令大人小孩都動容。本書曾獲選為「一九九五年中國時報年度好書」。讀這本書更能體悟到，缺陷和圓滿是一體的兩面。

　　謝爾‧希爾弗斯坦特立獨行的個性是出了名，他不喜歡受打擾、接受訪問，極為重視私人生活並堅持自我的主張。就連在創作上都堅持百分百的原味，他的作品還包括《閣樓上的光》、《人行道的盡頭》、《一隻向後開槍的獅子》、《失落的一角會見大圓滿》、《誰要一隻便宜的犀牛》、《往上跌了一跤》。這位文學藝術天才不幸於二〇〇〇年五月十日因心臟病發而離開人間，享年六十八歲。

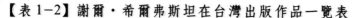

【表 1-2】謝爾·希爾弗斯坦在台灣出版作品一覽表

書 名	出版年份	出版社	得獎記錄
愛心樹	1995	星月書房	
閣樓上的光	1995	星月書房	
人行道的盡頭	1995	星月書房	
一隻向後開槍的獅子	1995	星月書房	
誰要一隻便宜的犀牛	1996	星月書房	
失落的一角	2000	自立報系	
失落的一角會見大圓滿	2000	自立報系	
往上跌了一跤	2000	星月書房	

大衛·威斯納（David Weisner）

　　大衛·威斯納是美國童書界頂尖插畫家，也是得獎常勝軍，視覺敘事對他來說是先於文字也先於聲音的表現主體，他熱中無字圖畫的創作領域，相信視覺藝術所能帶給人廣大與豐富的想像空間。

【表 1-3】大衛·威斯納在台灣出版作品一覽表

書 名	出版年份	出版社	得獎記錄
夢幻大飛行	1991	遠流出版	美國凱迪克大獎
瘋狂星期二	1995	格林文化	美國凱迪克大獎
七號夢工廠	2000	格林文化	美國凱迪克大獎
豬頭三兄弟	2002	格林文化	美國凱迪克大獎

主題網

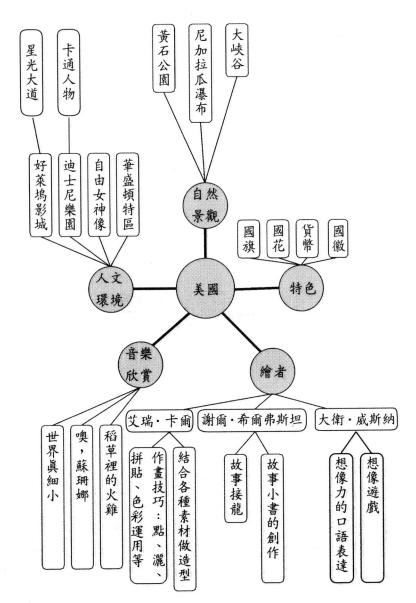

星光大道
卡通人物
黃石公園
尼加拉瓜瀑布
大峽谷

好萊塢影城
迪士尼樂園
自由女神像
華盛頓特區

自然景觀
國旗
國花
貨幣
國徽

人文環境　　美國　　特色

音樂欣賞　　繪者

世界真細小
噢，蘇珊娜
稻草裡的火雞
艾瑞‧卡爾
謝爾‧希爾弗斯坦
大衛‧威斯納

作畫技巧：點、灑、拼貼、色彩運用等
結合各種素材做造型
故事接龍
故事小書的創作
想像力的口語表達
想像遊戲

行動教學與遊戲

準備材料： 教室情境布置 家長幼生共同蒐集	美國地圖、艾瑞・卡爾自傳錄影帶、風景圖片、迪士尼卡通布偶、卡通圖片、卡通影帶、畫材
活動一：暢遊迪士尼樂園 使用時間：五十分鐘 適合對象：小班以上	播放迪士尼主題歌曲 1. 以布偶或圖片、錄影帶介紹迪士尼最具代表性之卡通人物的特色。 2. 帶領幼兒走入迪士尼主題樂園。 3. 全班共跳「世界眞細小」。
活動二：製作畫紙 使用時間：五十分鐘 適合對象：中班以上	1. 介紹艾瑞・卡爾系列圖書。 2. 影帶欣賞，團體討論，心得分享。 3. 幼兒依自己的興趣選擇適性之素材進行分組工作。 4. 每人可以選擇二至三種不同的做法完成自己的畫紙。
活動三：裝扮遊戲 使用時間：五十分鐘 適合對象：大班以上	1. 經由活動一認識卡通人物的特色，引導幼兒爲自己裝扮成最佳卡通造型人物。 2. 請幼兒以自己製作之畫紙爲材料做成面具，再利用大圍巾、小桌巾、披風、垃圾袋等相關之衣物當配件。 3. 裝扮完成請每位幼兒上台介紹自己。 4. 全班票選五位最佳卡通造型人物。
活動四：好餓的米老鼠 使用時間：五十分鐘 適合對象：中班以上	1. 帶領幼兒熟讀《好餓的毛毛蟲》，再由此故事改編，將主角毛毛蟲更換成卡通人物，吃下那麼多食物結果會變成怎樣，請幼兒自己發揮想像力。

（下頁續）

	2. 請票選出的最佳卡通造型人物當故事的主角，其他小朋友分組扮演不同角色。 3. 由故事的主角抽籤排定序號，帶領組員依序上台表演。 4. 表演時可以在自己班上亦可請全園師生共襄盛舉。 5. 請與會欣賞演出之師生在共同票選最佳主角、造型、創作、喜感、台風等獎項（項目可和孩子討論決定）。
活動五：星光大道 使用時間：五十分鐘 適用對象：大班以上	1. 經由活動的熱潮，老師講述美國好萊塢影城的電影拍攝，而且每年舉辦奧斯卡金像獎大典，集合了世界各國頂尖演員。 2. 先利用小紙盒製作獎盃。 3. 全班共同布置會場。 4. 事先設計邀請卡寄發給得獎的幼兒和來賓。 5. 選定頒獎音樂及主持人。
活動六：最佳主角 使用時間：五十分鐘 適用對象：中班以上	1. 老師帶領孩子看《愛心樹》、《失落的一角》這兩本書，並討論這兩本書的特色。 2. 模仿書的繪者，孩子每人設計一個主角（人、事、物皆可）。
活動七：故事接龍 使用時間：三十分鐘 適用對象：中班以上	1. 欣賞孩子設計的最佳主角。 2. 從這些當中抽出一個主角，讓孩子玩故事接龍。 3. 可多玩幾次，激發孩子的想像力。
活動八：我的小書 使用時間：五十分鐘 適用對象：中班以上	1. 將故事接龍的故事畫下來，製作成一本小書。 2. 也可以依自己設計的主角，編成故事，並畫下來。

（下頁續）

（承上頁）

活動九：誰最有想像力 使用時間：三十分鐘 適用對象：中班以上	1. 老師帶領孩子看《七號夢工廠》這本書，並且和孩子討論書的內容。 2. 討論下列問題：(1)如果我是夢工廠裡的設計師，我要把雲設計成……(2)如果我是水裡的魚，我會……(3)如果我是一棵樹，我會……等，看誰想得最特別、有趣。
活動十：來去美國 使用時間：四十分鐘 適用對象：小班以上	1. 製作大型美國地圖，並將介紹過的景點特別標明，擺放在地上。老師敘述情境帶領孩子進入來去美國的想像遊戲，譬如：坐飛機往美國囉！ 2. 播放美國童謠，老師帶領全部的孩子繞圈圈，音樂一停，即到第一站，依序繞完全部景點。 3. 孩子圍成圓圈坐，跟著音樂傳有景點名稱的牌子，音樂一停，手中有牌子的孩子找出景點在地圖上的位置。 4. 將地圖拆成二十片，跟著音樂，音樂一停，孩子即將手中拼圖拿出，逐漸完成整個大拼圖。

 你不可不知

自由女神像

　　自由女神像右手高舉火炬，左手持著一本法典，上面刻著美

國獨立紀念日──一七七六年七月四日。自由女神除了是全美象徵外，在多數好萊塢情節烘托下，也是光明燦爛美國夢的啟程。

讀者文摘

全世界最著名的雜誌要數《讀者文摘》。它是最受歡迎、最有影響的雜誌，在世界上發行量最高。

運動習慣

運動是美國生活文化中的一部分。在美國每年大約有五十萬人死於心臟病，因此人們不僅為了調節血壓，也為了減輕壓力而開始提倡運動。

 **參考資料**

網站

▶**美利堅聯合國** http://home.kimo.com.tw/annypeace/index.html

為一全球景點介紹網站，可以從該網站得到各個國家的基本資料。就美國的部分，分門別類的介紹美國相關資料，可以讓人快速地對美國有所了解。

▶**美國旅遊景點介紹** http://www.usatips.net/chinese_tw/index.html

此網站除了介紹有關美國的一些基本資料外，更生活化地介紹了美國人的生活、文化、學校，如果想要獲得更深入、實用的美國資訊，這是一個很好的網站。

▶台灣國旗網　http://www.flags.idv.tw

內容完整而豐富，有世界各國的國家簡介、國旗由來、國徽

大全、國花園地、地圖集粹……等。

▶博客來網路書店　http://www.books.com.tw/

廣泛陳列各種書籍，且分門別類地整理，方便欲找書籍者搜

尋。

麻瓜遊英國

世界童書在台灣──英國篇

【教案設計】

林美雲──國立台東師範學院兒童文學
　　　　研究所肄業
　　　　台北市南湖國民小學附設幼
　　　　稚園教師

余湯月麗──國立空中大學畢業
　　　　　台北市永吉國民小學客家
　　　　　語支援教師

前言

　　當魔幻神奇，引人入勝、精彩萬分的書籍《哈利波特》在全球風靡時，你可知道作者是出自哪個國家嗎？這部小說已在英國贏得了許多獎項。如果你讀了，將會發現它充滿英國風味。故事巧妙地融合了魔法學校特有的種種奇觀，堪稱是一部老少咸宜的傑出作品。

　　親愛的老師以及寶貝的爸爸媽媽們，從八歲到八十歲可以看得懂這部偉大的經典，但八歲以下的孩子看什麼書呢？來！英國童書作者：安東尼・布朗（Anthony Browne）、巴貝・柯爾（Babette Cole）、約翰・伯寧罕（John Burningham），帶領著我們學前和低年級的爸媽以及老師們，來欣賞他們的作品。

基本資料

國旗	此國旗是三個十字架組成的，一二七七年英格蘭聖人聖喬治的白底紅十字旗幟被做爲英格蘭旗子，一六○三年蘇格蘭王兼任英格蘭王，於是再組合蘇格蘭聖人聖安德魯斯的藍底白色斜十字旗幟，成爲米字旗的雛形。一八○一年愛爾蘭被英國合併後，於是又組合愛爾蘭聖人聖派翠克的白底紅十字旗幟，成爲現今的米字旗。
國徽	王冠及站在其上的獅子顯示王室的威嚴。而盾內分別是代表英格蘭的三獅圖案、蘇格蘭的站立獅子以及代表愛爾蘭的豎琴。
國花	薔薇（又名：迷你玫瑰）
主要語言	官方語言爲英語。蘇格蘭西北高地及北愛爾蘭部分地區仍使用蓋爾語。
首都	倫敦
錢幣	英磅

觀光風景名勝

特拉法加廣場

位於倫敦市中心廣場有一座圓柱形，五十公尺高的紀念碑，柱頂矗立五公尺的納爾遜將軍的銅像，是今英國人驕傲的地方。

西敏寺

自威廉一世以後的國王均須在此舉行加冕大典。

倫敦塔

位於泰晤士河畔，建造於一〇六六年。是法國諾曼第公爵威廉一世，以武力征服央格魯薩克遜人而建造至今的。

下列耳熟能詳之童謠，原曲出自英國，歌詞部分由國人自行填詞而成。

倫敦鐵橋

倫敦鐵橋垮下來，垮下來，垮下來；
倫敦鐵橋垮下來，就要垮下來！

著名童書作繪者簡介

安東尼・布朗（Anthony Browne）

一九四六年出生於英格蘭中部的雪非耳。童年在約克夏度過，喜歡繪圖。從里茲藝術學院畢業，曾在母校擔任「平面設計課程」講師。

一九七六年發表第一本繪本作品 *Though The Magic Mirror* 得獎後，作品多且常常得獎，如得英國格林威大獎的《動物園的一天》；得二〇〇〇年國際安徒生繪本大獎的《威利的畫》等。作品富有原創性，想像力豐富，反映現實社會與家庭現象。由於其作品沒有文化隔閡，常被譯成其他語文，因此聲名大噪，是一位廣受世界繪本讀者喜愛的作家。

他喜歡使用水彩，尤其是半潮濕或濃縮的水彩。他原畫尺寸，通常和書上的尺寸一致。他也經常把兒童喜愛的動物放入書中，讓孩子驚喜，例如《大猩猩》。這是他的童書令人愛不釋手的最大魅力。

【表 2-1】安東尼‧布朗在台灣出版作品一覽表

書　名	出版年份	出版社	得獎記錄
聰明小畫家	1979	智茂文化	
你看我有什麼！	1980	英文漢聲	
我愛書	1989	台英	
大猩猩	1994	格林文化	英國格林威大獎
小凱的家不一樣了	1994	台英	英國格林威大獎
動物園的一天	1994	台英	英國格林威大獎
朱家的故事	1995	英文漢聲	
穿過隧道	1997	遠流	
威利的畫	2000	台灣麥克	國際安徒生繪本大獎
當乃平遇上乃萍	2001	格林文化	
雞蛋踢石頭	2001	格林文化	
大手握小手	2001	格林文化	
小熊奇兵	2001	格林文化	
野蠻遊戲	2001	格林文化	
哈囉！你要什麼	2001	格林文化	
當熊遇見熊	2001	格林文化	

巴貝‧柯爾（Babette Cole）

　　生於英國英吉利海峽附近的小島。一九七三年於藝術學院畢業後，即從事創作與寫作的工作。

　　性格開朗、幽默，充滿活力的她，將自己的性格發揮在創作裡，因此，在她筆下的主角也都洋溢著童心，勇敢與生命力。她的童書充滿幽默的字句，鮮明的用色，精心設計的小細節，讓讀者的心情隨之飛舞，感受創作的無限魅力。

巴貝‧柯爾天生就是個說故事的高手，有其獨特的聲音，加上幽默詼諧的語調，說的要比寫的好呢。

【表2-2】巴貝‧柯爾在台灣出版作品一覽表

書　名	出版年份	出版社	得獎記錄
媽媽生了一個蛋	1993	親親文化	
頑皮公主不出嫁	1994	格林文化	英國格林威大獎
我的媽媽真麻煩	1998	遠流	
精彩過一生	1999	三之三文化	
有什麼毛病	2000	格林文化	
大狗醫生	2000	格林文化	
好事成雙	2000	格林文化	
我家有個壞／好寶寶	2001	格林文化	
小毛，不可以	2001	格林文化	
娃娃國王變變變	2001	格林文化	

約翰‧伯寧罕（John Burningham）

一九三六年四月二十七日出生於英格蘭，十二歲才進入夏山學校就讀，夏山學校自由開放的學風奠定約翰‧伯寧罕良好的繪畫基礎，二十歲進入倫敦中央藝術學校正式學畫。

年輕時以打工方式浪跡各處，於一九六○年回英國。一邊為交通局畫海報、雜誌社畫漫畫、設計卡片。一邊思考自己未來的出路與工作，他最想做的是畫一本書。一九六三年他的第一本書問世，並獲得英國繪本最高榮譽的「格林威大獎」。

其作品特色隱含開放式結局，讓更多讀者可以參與故事的發展。而作品的風格傾向長篇敘述，畫面單一。例如《和甘伯伯去遊河》一書，則用不同線條與媒彩使畫面呈現驚喜與對比，邀請讀者和他一起猜測故事的發展。

約翰・伯寧罕擅長用孩子的觀點描寫人生，給孩子一片想像的空間。這是他尊重孩子的寫作技巧，也是眾多讀者喜歡選他的書原因之一。

【表 2-3】約翰・伯寧罕在台灣出版作品一覽表

書　名	出版年份	出版社	得獎記錄
遲到大王	1991	信誼出版	
你喜歡	1991	上誼文化	
外公	1994	台英	
和甘伯伯去遊河	1994	台英	英國格林威大獎
我的秘密朋友阿德	1997	遠流	
喂！下車	1998	遠流	
莎莉，離水遠一點	1998	遠流	
雲上的小孩	1999	遠流	

英國

讀繪本，遊世界：著名繪本教學與遊戲

026

 主題網

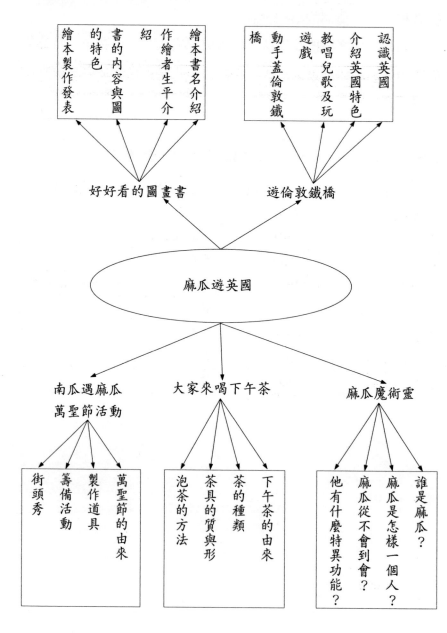

主題網圖：

好好看的圖畫書
- 繪本書名介紹
- 作繪者生平介紹
- 書的內容與圖的特色
- 繪本製作發表

遊倫敦鐵橋
- 認識英國
- 介紹英國特色
- 教唱兒歌及玩遊戲
- 動手蓋倫敦鐵橋

麻瓜遊英國

南瓜遇麻瓜萬聖節活動
- 萬聖節的由來
- 籌備活動
- 製作道具
- 街頭秀

大家來喝下午茶
- 下午茶的由來
- 茶的種類
- 茶具的質與形
- 泡茶的方法

麻瓜魔術靈
- 誰是麻瓜？
- 麻瓜是怎樣一個人？
- 麻瓜從不會到會？
- 他有什麼特異功能？

行動教學與遊戲

　　根據皮亞傑（J. Piaget）的理論，學前的孩子是處於運思預備時期（Preoperational Period），必須要以具體的事務，實際親自操作與體驗，方能獲得概念。

　　因此，我們設計了以下的教案，提供讀者參考：

單元名稱：麻瓜遊英國		年齡： 三至六歲	日期： 10/23～10/30	設計者： 林美雲 湯月麗
單元項目	一、認識英國及繪本 二、培養幼兒喜歡閱讀 三、增進幼兒審美的能力 四、啓動幼兒遊戲的樂趣	活動綱要	活動一：遊倫敦鐵橋 活動二：好好看的圖畫書 活動三：大家來喝下午茶 活動四：麻瓜大競技 活動五：萬聖節街頭秀	
項目	活動目標	活動內容與過程	資源	評量
活動一：遊倫敦鐵橋	・能和別人打招呼 ・能專注的觀看影片 ・能主動參與唱遊律動遊戲活動	壹、引起動機： 　一、用英文和小朋友打招呼。 　二、唱頭兒肩膀膝腳趾英文歌。 貳、團體活動： 　一、光碟放映或實物投影機介紹：英國地圖、國旗、國花、國徽、時差、錢幣以及觀光風景名勝、民情風俗、節慶等。	・電腦、光碟 ・投影機 ・投影相關圖片 ・錢幣 ・風琴 ・錄音機 ・錄音帶	・會大方和別人打招呼 ・會專注的觀看影片

（下頁續）

（承上頁）

		二、唱遊：「倫敦鐵橋垮下來」		·會主動參與唱遊律動遊戲活動
		參、遊戲：倫敦鐵橋垮下來		
		一、遊戲方法：兩人面對面搭一座橋，其他幼兒一排長長隊伍，邊唱邊走待倫敦鐵橋垮下來，唱完，鐵橋就要垮下來，被壓下的幼兒就得當橋墩。		
		二、遊戲規則：一次只壓一個，被壓到者就得到一旁等，直到再壓到才可成一組當橋墩。		
		肆、角落分組：		
		一、積木：搭建倫敦鐵橋 設計大鵬鐘	·積木	
		二、益智角：拼英國地圖、國旗、風景畫	·拼圖	
		伍、分享活動：		
		一、經驗交流與作品分享		
		二、收拾整理		
活動二：好好看的圖畫書	·能熱烈參與說唱 ·能專心聽故事	壹、引起動機： 相聲：說唱《大猩猩》 貳、團體活動： 一、作繪者生平介紹 二、作品分析 三、老師說故事 四、小朋友複述故事	·約翰伯寧罕繪本 ·安東尼布朗繪本 ·巴貝柯爾繪	·會熱烈參與說唱 ·會專心聽故事

（下頁續）

	・能大方說故事	參、分組活動：（製作繪本） 一、活頁書 二、連環畫 三、合作畫 肆、分享活動： 一、經驗交流與作品分享 二、收拾整理	本 ・木魚、響板 ・圖畫紙 ・各種筆	・會大方說故事
活動三：大家來喝下午茶	・能熱烈參與團體討論並發表自己的意見 ・能輕鬆自在和大家泡茶聊天 ・能主動收拾並和大家分享心情	壹、引起動機： 一、講述下午茶的由來 二、參觀茶藝館 貳、團體活動： 一、團體討論 　1.發表和家人品茗的經驗 　2.討論泡茶及喝茶的禮節 　3.茶的種類 　4.泡茶的方法 　5.茶具的質與形及功能 二、大家來泡茶、聽音樂 參、分組活動： 一、摺紙：茶杯 二、黏土工：茶壺、茶杯 肆、分享活動： 一、收拾整理 二、經驗與心得分享	・茶具 ・各種花茶 ・煮茶用具 ・錄音帶 ・錄音機 ・各式各樣的茶具 ・色紙 ・黏土工具	・會熱烈參與團體討論並發表自己的意見 ・會輕鬆自在和大家泡茶聊天 ・會主動收拾並和大家分享心情

（下頁續）

英國

讀繪本，遊世界：著名繪本教學與遊戲 030

| 活動四：麻瓜大競技 | ・能對聽故事有興趣
・能有始有終參與活動

・能對各種表演感到好奇 | 壹、引起動機：
　老師說故事——《愛麗絲夢遊仙境》
貳、團體活動：
　一、老師介紹《哈利波特》裡的角色「麻瓜」是怎樣的一個人
　二、讓「麻瓜」走入《愛麗絲夢遊仙境》將會怎樣？
　三、「麻瓜」大顛覆：會很多魔術和特異技能
參、分組活動：
　一、縫工：製作蘇格蘭裙
　二、環保：撿落葉做風笛
肆、體能（特技表演）：
　一、騎單車過康橋
　二、呼拉圈
　三、耍雜技
　四、變魔術
伍、分享活動：
　一、經驗交流與作品分享
　二、收拾整理 | ・《愛麗絲夢遊仙境》繪本

・格子布
・針、線
・樹葉
・腳踏車
・呼拉圈
・雜技道具 | ・會對聽故事有興趣

・會有始有終參與活動

・會對各種表演感到好奇 |
| 活動五：萬聖節街頭秀 | ・能對好玩的活動有所期盼 | 壹、引起動機：
　老師介紹與萬聖節有關之道具（巫婆、吸血鬼、骷髏頭、南瓜燈……等）
貳、團體活動：
　一、發通知單請家長為幼兒裝扮 | ・巫婆、吸血鬼、骷髏頭、南瓜燈……等）道具 | ・會用一種愉快的心情迎接萬聖節的到來 |

（下頁續）

（承上頁）

	（也可從家裡化妝好來學校配合當天英國萬聖節活動）	・通知單	
・進行活動能遵守規矩並注意安全	二、園方與社區先行聯絡、接洽 參、萬聖節遊街活動： 　教師帶領幼兒至社區進行 Trick or Treat 活動 　　Trick or Treat 　　Smell my feet 　　Give me something 　　Good to eat	・糖果	・進行活動會遵守規矩並注意安全
・能與同學分享糖果	肆、分享活動： 一、返回園內做裝扮及糖果分享 二、收拾整理		・會與同學分享糖果

 你不能不知

自稱「日不落帝國」

　　由於一九一四年佔有的殖民地比本土大一百一十一倍，身為第一殖民大國的英國，殖民地遍布各個時區，因此以「日不落帝國」自居。

第一個完成工業革命的國家

　　十八世紀後半葉至十九世紀前半葉，成為世界上第一個完成工業革命的國家。

蘇格蘭三寶

㈠威士忌：有生命之水的別稱。

㈡風笛：為蘇格蘭特殊獨有的傳統古樂器。

㈢蘇格蘭裙：不同格子呢布圖案的短褶裙，各自代表不同的族氏。

圓桌武士

亞瑟王歷經十二次戰役，大敗日耳曼人。他的皇后將她的傳國之寶「大圓桌」贈送給他。此桌可圍坐一百五十名騎士，是為圓桌武士的傳說。

下午茶

早期英國人只吃早餐和晚餐，早餐簡便，晚餐豐盛。但兩餐相隔時間久，於是有喝下午茶的習慣。下午茶便是從此地傳開的。

莎士比亞

《羅密歐與茱麗葉》這部偉大不朽名著的作者——莎士比亞的故鄉。

 參考資料

書籍

DK編輯部（2000）　英國——全視野世界旅行圖鑑。台北：遠流。

張珮歆（1999）　**安東尼・布朗圖畫書作品中的諷刺性遊戲**。國立台東師範學院兒童文學研究所碩士論文。

廖麗慧（2000）　**約翰・伯寧罕圖畫書研究**。國立台東師範兒童文學研究所碩士論文。

台灣省政府教育廳編（1987）　**幼稚園單元活動設計**。台灣省政府教育廳。

柯谷蘭等（1994）　**台北市幼稚園與國小一年級教學銜接之研究**。台北：台北市政府教育局。

盧素碧編著（1987）　**幼兒的發展與輔導**，133 頁。台北：景文。

張春興、林清山著（1989）　**教育心理學**。台北：東華。

網站

▶**博客來網路書店**　http://www.books.com.tw/

　　提供書籍、古典及爵士樂CD、雜誌之分類搜尋、推薦及銷售。

▶**兒童文化館**　http://www.cca.gov.tw/children/

　　每月選書提供小朋友喜歡的繪本，美術館精采的線上插畫展，豐富的繪本資料庫，是小朋友想看的書。

▶**台灣國旗網**　http://www.flags.idv.tw

　　提供全世界國家和屬地簡介、各國國旗、國歌、國徽、國花、地圖、郵票及奧會標誌。

其他

「倫敦鐵橋垮下來」、「頭兒肩膀膝腳趾」，光美文化事業有限公司童謠精選錄音帶。

讀繪本，遊世界：著名繪本教學與遊戲

034

萬聖節準備遊街

萬聖節服裝秀

我是小作家——自己製作繪本

我的新書發表

倫敦鐵橋垮下來

學會唱童謠，才能玩遊戲喔！

像不像倫敦鐵橋？

我們是小帥哥小美女在「大笨鐘」前留影

讀繪本，遊世界：著名繪本教學與遊戲　038

麻瓜大競技──看誰搖得最久

麻瓜大競技──騎單車過康橋（比遠）

時裝、香水、模特兒

世界童書在台灣──法國篇

【教案設計】

洪藝芬──省立台北師專幼教科
　　　　中國文化大學家政系
　　　　台北市民權國小附設
　　　　幼稚園教師

　　法國，一個充滿藝術、浪漫氣息的國度，除了擁有別具特色的建築，名牌的時裝、香水，享譽世界的美食、醇酒外，對孩子而言，一些他們平時均能琅琅上口的童謠；耳熟能詳百聽不厭的童話故事，其實也是法國的特產。近期在台灣翻譯出版的童書繪本，圖文並茂、印刷精美，更能啟發孩子的多元智慧，是值得親子共賞的好書。

基本資料

法國

讀繪本，遊世界：著名繪本教學與遊戲 042

•巴黎

•普羅旺斯

國旗	藍、白、紅是代表自由、平等和博愛，法國國旗顏色順序本是由旗桿起為紅、白、藍，但在風中藍色並不醒目，於是於一七九四年起更改順序為藍、白、紅，藍色寬度最窄，白色次之，紅色最寬，當國旗飄動時便能夠很平均的看到此藍色。
國徽	
國花	鳶尾
主要語言	法語
首都	巴黎
錢幣	歐元

名勝景點

艾菲爾鐵塔

　　位於塞納河畔，呈長A字形。塔高三百二十公尺，可選擇搭電梯或拾階而上。第二層有 Juless Verne 餐廳，是巴黎最好的餐廳之一，在此可享用美食及瞭望巴黎全景。一到晚上由電腦控制的照明設備使得「鐵塔」變成一座「水晶玻璃塔」，是巴黎著名夜景之一。

巴黎最著名的地標：
艾菲爾鐵塔

凱旋門

　　巴黎最著名也最有歷史意義的一座大拱門，是拿破崙為了紀念法軍的英勇而建造的。它的每一面牆上都有巨幅浮雕，分別是「馬賽進行曲」、「盛名」、「抵抗與和平」、「凱旋」。從凱旋門可看到香榭里舍大道及十二條以凱旋門為中心向四面八方伸展的放射形大道。

凱旋門右側的浮雕：
馬賽進行曲

聖母院

　　聖母院是法國歷史聖殿，與巴黎歷史息息相關。歌德式建築

的大門、飛扶壁、玫瑰窗與吐火獸廊台都是經典之作。從聖母院塔上可觀賞塞納河上的風光及龐畢度中心。

（以上風景照由陳南慧老師提供）

聖母院玻璃彩繪的玫瑰花窗

聖母院的正面為法國哥德式建築的經典之作

 ## 著名童謠

下列耳熟能詳之童謠，原曲出自法國，歌詞部分由國人自行填詞而成。

小星星

一閃一閃亮晶晶

滿天都是小星星

掛在天上放光明

好像許多小眼睛

一閃一閃亮晶晶

滿天都是小星星

兩隻老虎

兩隻老虎，兩隻老虎

跑得快，跑得快

一隻沒有眼睛

一隻沒有尾巴

真奇怪，真奇怪

 著名童書繪者及作品

佛朗索瓦（Francois Roca）

　　法國著名童書繪者佛朗索瓦一九七一年四月十七日生於里昂，自美術學校畢業後全心投入繪畫。一九九六年開始為出版社繪製童書插畫，在台灣出版的繪本《黃金夢想號》曾入選「波隆那國際兒童插畫展」。另外，《魔術商店》一書於一九九五年及一九九七年分別獲得「聯合報讀書人最佳童書」及民生報「好書大家讀入選」。

　　他的作品中，善用繪畫的材質、有效的掌控並運用色彩的光影，以及多角度空間運鏡，把故事角色的神態、肢體動作及情境氣氛描繪得淋漓盡致。近期作品《大頭大頭下雨不愁》畫風轉變，筆法細膩、幽默風趣的畫風讓讀者倍感新鮮、一讀再讀。他能抓住每個故事情節的意境，帶給讀者強烈的視覺印象和無限的想像空間，廣受讀者的喜愛及評論者一致的肯定。

【表 3-1】佛朗索瓦在台灣出版作品一覽表

書　名	出版年份	出版社	得獎記錄
魔術商店	1996	台灣麥克	
黃金夢想號	1998	格林文化	波隆那國際兒童插畫展
大頭大頭下雨不愁	1999	格林文化	
爵士樂之王——路易斯阿姆斯壯	2001	格林文化	

貝諾許（Benoît Chieux）

貝諾許於一九六九年出生在法國的里黎。是目前歐洲插畫界備受矚目的插畫新星。一九九〇年、一九九四年分別以作品*A love story*、《石像的祕密》入選義大利波隆那國際兒童插畫展。是一位具有創作潛力的插畫者。

欣賞貝諾許在台灣出版的作品，會發現他在創作的技法上，喜歡靈活運用各種不同的繪畫素材，來勾勒繪本中所要凸顯的戲劇性及營造的情境氣氛。勇於嘗試改變、畫風靈活多變的他善於表現故事的精髓，作品中總蘊藏一股令人無法抗拒的情感。因此，每一件作品的出版，無論在構圖、題材的運用或是人物造型上，都呈現出迥然不同的風貌，讓讀者有全新的視覺感受，細細品味，令人低迴沈吟、愛不釋手。

【表3-2】貝諾許在台灣出版作品一覽表

書　名	出版年份	出版社	得獎記錄
石像的祕密	1993	格林文化	波隆那國際兒童插畫展
最後一片葉子	1994	台灣麥克	
奧塞羅	1995	台灣麥克	
波西米亞人	1999	台灣麥克	

主題網

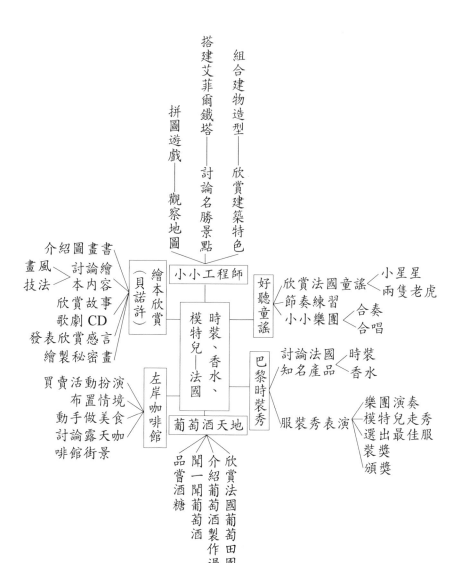

組合建物造型 —— 欣賞建築特色

搭建艾菲爾鐵塔 —— 討論名勝景點

拼圖遊戲 —— 觀察地圖

小小工程師

介紹圖畫書 畫風技法
討論繪容內故事本
欣賞歌劇CD
發表欣賞感言
繪製秘密畫

繪本欣賞
（貝諾許）

好聽童謠

欣賞法國童謠 —— 小星星、兩隻老虎
節奏練習
小小樂團 —— 合奏合唱

時裝、香水、模特兒—法國

討論法國知名產品 —— 時裝、香水

巴黎時裝秀

服裝秀表演 —— 演奏走秀最佳服
樂團演出
模特兒選裝
選裝頒獎

左岸咖啡館

演情境
扮活動布置
買賣美食天咖
動手做露天咖
討論咖啡館街景

葡萄酒天地

欣賞法國葡萄酒田園風光
介紹葡萄酒製作過程
聞一聞葡萄酒
品嘗酒糖

行動教學與遊戲

單元名稱： 時裝、香水、模特兒		適用年齡： 大班	活動時間： 二週	設計者： 洪藝芬
單元項目	一、認識法國的名勝景點及特色。 二、增進幼兒良好的人際互動。 三、增進幼兒創作的技能。 四、培養幼兒藝術欣賞的能力。	活動綱要	活動一：小小工程師：討論法國景點、特色；以地圖形狀自製拼圖並利用積木或豆干丁來搭建組合建物造形。 活動二：好聽童謠：欣賞法國童謠、節奏練習並組成小小樂團。 活動三：巴黎時裝秀：討論巴黎知名產品、舉辦服裝秀表演。 活動四：葡萄酒天地：欣賞法國田園風光並介紹葡萄酒的種類及製作過程。 活動五：左岸咖啡座：介紹露天咖啡座街景，動手做美食並玩老闆與顧客的角色扮演。 活動六：繪本欣賞：介紹欣賞法國繪者貝諾許的作品並繪製秘密畫。		

（下頁續）

項目	活動目標	活動內容與過程	資　源	評　量
活動一：小小工程師	・會製作拼圖 ・會搭建艾菲爾鐵塔 ・會發揮創意組合建物造型	一、引起動機：展示法國地圖，請幼兒仔細觀察並描述地圖的形狀和特徵 二、團體討論： 　1.透過圖片討論名勝景點 　2.欣賞並討論建築特色 三、角落活動： 　1.益智角：依地圖造型著色，再剪成數片，做拼圖遊戲 　2.積木角：利用各型積木搭建艾菲爾鐵塔 　3.工作角：以豆干丁及牙籤發揮創意組合建物造型 四、作品介紹及欣賞 五、延伸活動：肢體創作造型	・法國地圖 ・名勝景點圖片 ・各式積木 ・小豆干丁 ・雙頭尖牙籤 ・臘筆 ・彩色筆	・能完整的拼出地圖 ・能和同儕合作搭建艾菲爾鐵塔 ・能創意組合建物造型
活動二：好聽童謠		一、引起動機： 　1.欣賞法國童謠 　2.老師以手拍節奏，幼兒仿拍 二、發展活動： 　1.以強、次強、弱、次弱的節奏來唸出歌詞的強、弱拍 　2.分組拍打節奏：一組以雙手依強、次強、弱、次弱拍打節奏，一組以腳踏出節奏，二小節踏一次	・錄音帶 ・響板、鈴鼓、	

 法國

法國

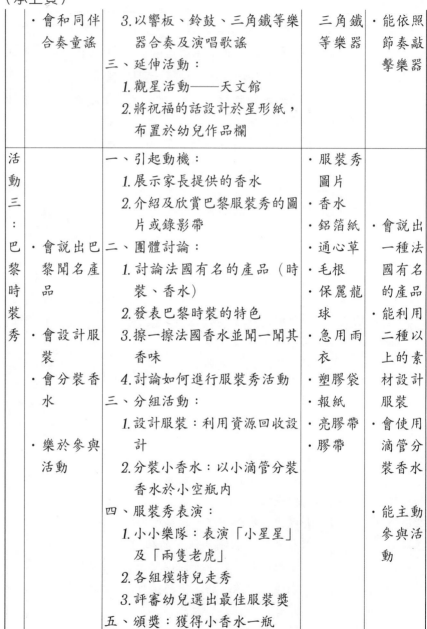

	目標	活動內容	教材教具	評量
	・會和同伴合奏童謠	3.以響板、鈴鼓、三角鐵等樂器合奏及演唱歌謠 三、延伸活動： 1.觀星活動——天文館 2.將祝福的話設計於星形紙，布置於幼兒作品欄	三角鐵等樂器	・能依照節奏敲擊樂器
活動三：巴黎時裝秀	・會說出巴黎聞名產品 ・會設計服裝 ・會分裝香水 ・樂於參與活動	一、引起動機： 1.展示家長提供的香水 2.介紹及欣賞巴黎服裝秀的圖片或錄影帶 二、團體討論： 1.討論法國有名的產品（時裝、香水） 2.發表巴黎時裝的特色 3.擦一擦法國香水並聞一聞其香味 4.討論如何進行服裝秀活動 三、分組活動： 1.設計服裝：利用資源回收設計 2.分裝小香水：以小滴管分裝香水於小空瓶內 四、服裝秀表演： 1.小小樂隊：表演「小星星」及「兩隻老虎」 2.各組模特兒走秀 3.評審幼兒選出最佳服裝獎 五、頒獎：獲得小香水一瓶	・服裝秀圖片 ・香水 ・鋁箔紙 ・通心草 ・毛根 ・保麗龍球 ・急用雨衣 ・塑膠袋 ・報紙 ・亮膠帶 ・膠帶	・會說出一種法國有名的產品 ・能利用二種以上的素材設計服裝 ・會使用滴管分裝香水 ・能主動參與活動

（下頁續）

活動四：葡萄酒天地	・會複述故事 ・會說出葡萄酒的製作方法	一、引起動機： 1.欣賞法國葡萄田園風景圖片 2.老師以布偶說故事（見附錄） 二、團體討論： 1.利用社區資源或商請專業的家長來介紹葡萄酒的材料、種類及製作方法 2.欣賞各式各樣的酒瓶 3.聞一聞酒的香味 4.品嘗酒糖 三、延伸活動：參觀酒廠	・法國田園風景圖片 ・酒瓶 ・酒糖 ・社區資源 ・偶台 ・布偶	・能簡單說出故事內容 ・能簡單說出葡萄酒的製作方法
活動五：左岸咖啡座	・會動手做美食 ・會布置情境。	一、團體討論： 1.討論法國的美食 2.討論法國露天咖啡座街景 二、分組活動： 1.動手做美食： (1)法國麵包夾起司片、葡萄乾或核桃 (2)將乳酪蛋糕切片，並用鮮奶油及新鮮水果做造型 (3)以榨汁機自製葡萄汁 1.師生共同布置情境： 以大傘、桌椅、桌巾來布置 2.幼兒繪製DM、招牌，並訂定價格（以十元以內的價格加減換算為原則），以備角色扮演買賣活動時使用	・葡萄 ・麵包 ・起司 ・水果 ・葡萄乾 ・核桃 ・桌子 ・椅子 ・桌巾 ・特大傘數支 ・榨汁機 ・書面紙 ・蠟筆 ・錄音帶	・能主動參與動手製作美食 ・能和諧的和同伴共同布置情境

（下頁續）

	・樂於參與角色扮演	三、老闆及顧客角色扮演：扮演活動中同時欣賞法國兒歌及民謠 四、收拾整理 五、延伸活動：親子活動：製作貴賓券，邀請家長來分享		・喜歡參與扮演活動
活動六：繪本欣賞	・會欣賞繪本。	一、引起動機：介紹繪本《波西米亞人》的故事 二、團體討論： 1. 討論繪本的圖畫內容（特色、畫風、技巧） 2. 討論繪本：《波西米亞人》的作者貝諾許及其生平 3. 介紹繪者的作品：《石像的祕密》《最後一片葉子》《奧賽羅》	・故事書 ・CD ・圖畫紙 ・優碘 ・檸檬汁 ・棉花棒	・能專心欣賞繪本的內容
	・會聆聽故事。	三、欣賞繪本：透過故事圖、CD 聆聽故事及欣賞背景音樂 四、分享：自由發表欣賞後的感想 五、科學遊戲：猜猜我有多愛你 1. 以檸檬汁在紙上畫出對所愛的人想說的話，完成後送給對方		・能專心聆聽故事 ・能舉手發表欣賞後的感想。
	・會發表感想。			
	・會製作祕密畫。	2. 收信者以稀釋的優碘塗抹於圖上，讓圖畫中的畫呈現出來		・能專心繪製祕密畫

（下頁續）

　　3.猜猜畫的內容並分享看到畫
　　　的感覺，以一個肢體動作
　　　或臉部表情來回饋對方
　　4.延伸活動：幼兒歌劇表演

教　案　附　錄

老師自編故事：小紅帽與好心的大野狼

角色：小紅帽、媽媽、外婆、大野狼

地點：波爾多

旁白：

　　莉莉是一位非常可愛的小女孩，在她生日那天，媽媽送給她一件紅色有帽子的披風當生日禮物。莉莉高興得蹦蹦跳，之後，幾乎天天穿著它出門。久而久之，大家都叫她小紅帽。

媽媽：

　　小紅帽，外婆身體不舒服，媽媽有事不能親自去探望她。請妳把這籃食物帶去給外婆並留下來陪陪她。

小紅帽：

　　（聽到外婆生病，心裡非常難過）好！我馬上過去照顧外婆。

旁白：走到路上剛巧碰到從田園中工作回來的大野狼。

大野狼：

　　妳要去那裡？

小紅帽：

　　外婆生病了，我要去照顧她。

大野狼：

　　妳真是一個孝順乖巧的孩子。好吧！妳和我一起去採一些葡萄，帶去給外婆吃。

小紅帽：

　　（小紅帽到葡萄園時她驚訝得大叫）哇！好多的葡萄噢！看起來好好吃的樣子。

大野狼：

　　因為這裡的氣候溫和濕潤、土地又很肥沃，所以葡萄長得特別好。

（下頁續）

（承上頁）

小紅帽：

　　葡萄好吃又有營養，但是你種這麼多的葡萄怎麼吃得完呢？

大野狼：

　　葡萄除了當水果吃之外，還可以把一些葡萄拿來釀成葡萄酒。妳知道嗎？每天喝一點葡萄酒，可以讓身體的血液循環更好，美容養顏哦！平常吃飯時搭配葡萄酒更是人間美味，好享受哦！對了！這裡有幾瓶之前釀的葡萄酒，妳順便帶一瓶給外婆吧。希望她能早日康復。

旁白：

　　小紅帽謝過好心的大野狼後便趕緊往外婆家去了。

外婆：

　　（虛弱的躺在床上，外婆看見小紅帽來，滿心歡喜的坐起來抱抱小紅帽）我的乖孫！外婆好想妳哦！

小紅帽：

　　這是媽媽和好心的大野狼請妳吃的東西，妳多吃點！多休息！身體才會好得快！

旁白：

　　幾天後外婆的身體果然康復了！

外婆：

　　（帶著親手做的乳酪蛋糕和鵝肝醬麵包）小紅帽！我們一起到大野狼家去，向他道謝，感謝他的關心吧。

你不能不知

艾菲爾鐵塔

又稱巴黎鐵塔，是法國首都巴黎最顯著的地標，自塔頂俯瞰巴黎全市盡收眼底。此塔是為了慶祝法國大革命百週年紀念和萬國博覽會，由艾菲爾（Gustave Eiffel）所設計。

凡爾賽宮

全歐洲最大的宮殿。宮殿建築雄偉氣派、富麗堂皇，國王大廳、禮拜堂、歌劇院、阿波羅室都是值得一看之處。金碧輝煌的鏡廳是第一次世界大戰凡爾賽和約簽訂之所。

香檳酒

據法國政府規定，只有在法國香檳區出產的汽泡酒，才可以冠稱香檳酒，其他地區或國家所生產的只可以稱為「汽泡酒」。細緻的氣泡及帶著柔美清新葡萄香的香檳酒可以單獨飲用或配以海鮮，更是喜慶宴會不可或缺的飲料。

法國大文豪——雨果

雨果於一八〇二年二月二十六日誕生在法國伯桑松城。他才華橫溢，創作力經久不衰，最初以詩進入文壇，之後又創作了一系列的戲劇、詩歌、小說。著名的作品有《悲慘世界》、《鐘樓

怪人》等，均膾炙人口，而世界名著《鐘樓怪人》則是以巴黎聖
母院為背景的作品。

 ## 參考資料

書籍

蕭淑君等譯（1998）　**法國**。台北：遠流。

陳湘（1997）　**輕鬆玩巴黎**。台北：農學總經銷。

磐實企劃製作（1997）　**法蘭西的驕傲**。台北：學英文化。

錦繡出版社（1987）　**放眼世界 3──西歐洲之旅**。台北：錦繡。

網站

▶**anyway 旅遊網**　http://www.anyway.com.tw/home.asp

　　全球景點基本介紹、有旅遊討論區、旅遊日記提供網友旅遊
經驗的交流、旅遊家族及旅伴搜尋，供網友計畫旅遊相關事
宜並找尋志同道合的友伴共同出遊。

▶**WCN 世界之旅網站**　http://www.wcn.com.tw/europe/france/

　　世界五大州中各國的基本介紹、旅遊須知、旅遊指南並設有
旅遊新聞網站、旅遊記事本，提供各國最新活動的消息，喜
愛旅遊的朋友，可相互交換心得、分享旅遊照片及問題的解
答。

▶**yilan 美食生活玩家** http://yilan.url.com.tw

　　介紹各地的美食美酒及製作方法、並提供有關生活書籍的書
　　評、玩物的特色及購買地點。

▶**Eden Wine 葡萄酒樂園網站** http://www.geocities.com/napaval-
　　ley/5773

　　針對葡萄的種類、特性、產區做詳盡的介紹，並提供葡萄酒
　　釀造技術的說明、葡萄酒用語的介紹，更有葡萄酒相關書籍
　　介紹及與知名相關網站做連結。

其他

波西米亞人，福茂唱片授權、台灣麥克出版發行。

國語童謠精選，金橋唱片有限公司製作發行。

法國民謠音樂，磐實企劃出版社。

法國兒歌與圓舞曲，上揚有聲出版。

讀繪本，遊世界：著名繪本教學與遊戲

0
5
8

用豆干丁搭建組合建物造型

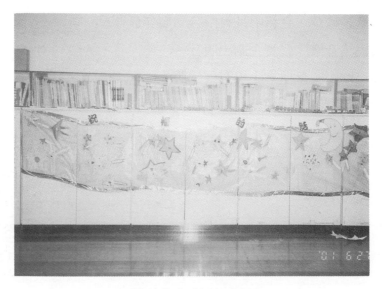

祝福的話設計於星形紙

露天咖啡座

動手做美食

讀繪本，遊世界：著名繪本教學與遊戲　060

模特兒走秀

秘密畫

格林童話的發源地

世界童書在台灣──德國篇

【教案設計】

羅玉卿──台北市立師範學院畢業
　　　　私立幼稚園教師

前言

　　德國科技的精密與高水準舉世聞名，商業也呈現繁榮景貌，但你更不會忘記啤酒與豬腳的濃郁芳香，這當中潛藏著多少的翩翩風雅。在這裡有多少偉大的思想家、音樂巨匠、文學家。這兒無不處處點綴著美麗景致熱情的迎接你。

基本資料

國旗	在擊敗拿破崙後，一位詩人見到一個穿黑披風佩掛紅色肩章及金色鈕釦的學生義勇軍時，唱著「黑色象徵悲憫被壓迫的人們，紅色是爭取自由的心情，金黃色是理想和眞理光輝的表徵」，於是紅黑黃便被用在德國國旗的顏色上。
國徽	
國花	矢車菊
主要語言	德文
首都	柏林
貨幣	歐元

觀光名勝古蹟

童話之旅

　　童話大道（Marchen strasse）是由北部不來梅（Bremen）沿威悉河（Weser）南下，經卡塞爾（Kassel），到中部法蘭克福（Frankfurt）附近的哈瑙（Hanau），是紀念德國童話「格林兄弟」而成的一條旅遊路線。格林兄弟（Jacob Grimm / Wilhelm Grimm）出生在哈瑙，在史坦那度過青少年時期，在卡塞爾進行研究工作。以童話的浪漫心情造訪童話大道，會發現格林兄弟將其生長的背景反映到童話故事中，在這裡處處皆是驚喜人物，令人彷彿身在童話中。

　　格林童話中大家最耳熟能詳的故事，包含小紅帽、白雪公主、睡美人、大野狼與七隻小羊、青蛙王子、穿長統靴的貓、不來梅的樂隊⋯⋯。

科隆大教堂（Cologne Cathedral）

　　世界第四大教堂，自一二八四年開始興建，以法國皇家教堂為藍本的哥德式建築，中間停頓好幾世紀直到一八八〇年才告完成。它外觀最大的特色是巍峨並立、高聳入雲霄的雙塔，有一百五十二公尺高，常成為該國風景名信片的主角喔！

新天鵝堡（Neuschwanstein）

位處於巴伐利亞阿爾卑斯山間，為一座白色大理石的建築，堡內隨處可見天鵝的圖像，是傳說中白雪公主居住的城堡；迪斯奈樂園的卡通城堡即以此處為樣本建造。

貝多芬的故居（Ludwig Van Beethoven）

位在波昂（Bonn）小巷二十號，西元一七七〇年十二月二七日，這座房子三樓的小房間裡誕生了偉大的音樂家貝多芬，為紀念這位音樂大師，西元一八八九年，在這裡成立了貝多芬紀念館。且每隔三年在波昂會舉行一次貝多芬藝術節，喜好貝多芬的樂迷千萬不可錯過。

 童謠

下列耳熟能詳之童謠，原曲出自德國，歌詞部分由國人自行填詞而成。

蜜蜂做工

嗡嗡嗡　嗡嗡嗡
大家一起勤做工
來匆匆　去匆匆
做工興味濃　天暖花好不做工
將來哪裡好過冬

嗡嗡嗡　嗡嗡嗡

別學懶惰蟲

布穀

布穀　布穀　快快布穀

春天不布穀　秋天哪熟穀

布穀　布穀　快快布穀

 繪者介紹

昆特・布赫茲（Quint Buchholz）

　　昆特・布赫茲一九五七年生於來茵河區的史托堡（Stolberg），在德國的斯圖加特（Stuttgart）長大。在他讀書時繪畫方面的成績中等。不過，他的兩個哥哥對他栽培有加，時常帶他參觀展覽，送畫具給他，鼓勵他畫畫。十六歲後，他的畫漸漸有成績，他開始畫插圖畫。二十歲那年，決心當位畫家，他在慕尼黑藝術學院攻讀藝術史、素描和圖畫設計，打穩根基，接著轉學至造型藝術學院專修繪畫。二十三歲時他成為專業繪畫師。布赫茲為圖畫書畫插畫，為很多出版社畫過無數的封面、海報及廣告插畫，因而闖出個人知名度。屬於超現實的繪本創作者，且國內發行的繪本也傾向於成人繪本。

　　布赫茲的創作特色，他除了能夠精準描繪日常感知的世界外，更能掌握那些最細微和無法預期的神秘經驗。在作畫之前都

必須做好準備工作，拍攝影像和素描更是不可少的，然後在一張張早已噴好不褪色彩墨的畫紙上，一層又一層地把不同的色料或淡或濃或粗或細地添加上去。這種細緻的工作相當花時間，且他擅長替內容艱深，情調憂鬱而陰沉的主題製作插圖畫。他在畫中的物件常常違反重力原則漂浮在半空中，所以其插畫大部分以戶外為背景，適切傳達出文學中令人神往、心神飛馳的精神特質。從布赫茲柔和、夢境般的藝術創作中散發出一種幽靜、遙遠，幾乎沒有盡頭的畫風，讓欣賞者經常在夢幻與真實間遊移徘徊。並謹慎用彩筆畫出的主題看起來讓人有時靈敏、有時憂傷，總含著嘲諷的片段，讓欣賞者發出會心的微笑，進而去深思。

對布赫茲來說，繪畫就是嘗試去說故事，但要讓開頭和結尾在圖畫之外。他雖然創造可能、提供意見、打開空間，但只在欣賞者的內心世界裡才能讓圖畫完成。他曾說：「對我來說，廣泛的去塑造我的畫，只點到為止，此只是敘述故事的一部分，但這是非常重要的。而在我的畫之前或之後的景象，就得由欣賞圖畫的人自己去想像了。即使我自己在作畫時，也不能完全了解所隱藏在我畫中的奧妙啊。」但他以圖說文的手法上，感覺就不是很強烈的吸引人。

至今，他的書全球有超過二十幾種語言的翻譯版本，目前為專職畫家及插畫家，與妻子及三個孩子和一隻愛貓居住在慕尼黑附近的奧托邦。

布赫茲不僅詮釋其他作家的文章，也發表個人的圖畫書創作，身兼作家和插畫家二職。一九八八年，為配合該年度的法蘭克福書展，在《時間周刊》（Zeit）文學版發表了十七幅畫，吸引各界的注意和好評，作品受廣大的重視。包括四次得到由《時

間周刊》和不來梅電台所頒發的「大山貓獎」；五本圖畫書榮獲「德國青少年文學獎」選為佳作；以及「德國繪本大獎」、「波隆那國際兒童書展最佳童書獎」、「布拉迪斯國際插畫雙年展金牌獎」、「紐約時報最佳圖書」，以及「托斯道夫兒童書插畫獎」等榮譽。

　　布赫茲不僅為志同道合的作家畫插畫，也發表個人創作的作品，像一九九三年的第一本創作《小熊乖乖睡》及一九九七年獲頒「波隆那國際兒童書展最佳童書獎」的《瞬間收藏家》。同年也出版了《靈魂的出口》，由四十六位世界各地知名的作家（如：米蘭昆德拉、喬斯坦賈德、彼得赫格、蔡斯挪特本及馬丁瓦瑟等），依照布赫茲之畫作撰文而成。

【表4-1】昆特‧布赫茲在台灣出版作品一覽表

書　名	出版年份	出版社	得獎記錄
莎麗要去演馬戲	1994	格林文化	德國繪本大獎
靈魂的出口	1998	格林出版	
瞬間收藏家	1998	格林出版	義大利波隆那大獎
黑貓尼祿	1998	玉山	
南極遙遠的知音	1999	格林文化	
馬提與祖父	1999	格林文化	
只有標題的夢	1999	格林文化	
夢想的翅膀	1999	格林文化	
波光奏鳴曲	2000	格林文化	
小熊乖乖睡	2000	格林文化	
少年桑奇之愛	2000	星月書房	
雪從遠遠天上來	2000	格林文化	
天空的入口	2001	格林文化	

赫姆・海恩（Helem Heine）

　　赫姆・海恩一九四一年生於柏林。在大學時研究的是企管及美術，畢業後曾流浪歐洲、亞洲、非洲等地，兩年後返國，積極活躍在舞台美術設計界；一九七七年以後進入圖畫書創作工作。

　　他是國際知名的兒童圖畫書作家兼畫家。對他而言圖畫書的文字和圖畫是一體兩面彼此相輔相成。文字營造了圖畫美感，但圖畫又應超越文字，使圖畫書傳達出豐富的言外之意。他認為創作圖畫書是為了帶給孩子快樂，並給孩子一些深刻的道理。他也認為，如果圖畫書中沒有蘊藏著大人看了也感動的意義，那這本書就無出版的價值意義。他的圖畫書總是吸引著孩子的目光，貼近於孩子的生活，讓孩子感到新奇好玩。

　　赫姆・海恩擅用透明的水彩，把畫面表現的輕鬆、愉快、明朗，且幽默童心中總有一些小地方等著我們去發覺。他在書中均強調友誼世界的和樂，應該是有歡笑、自在、和諧的關係喔！

　　他曾獲頒「波隆那設計金獎」、「波士頓環球號角圖畫書獎」、「安徒生獎項」等。其作品被翻譯成近二十國的語言，在世界各處流通。目前居住在巴伐利亞南部的一個小湖邊。所以感知出悠然湖光山色，及鄉間風光的純樸於其圖畫書中。

【表4-2】赫姆・海恩在台灣出版作品一覽表

書　名	出版年份	出版社	得獎記錄
快樂的婚禮	1977	上誼文化	
珍珠	1991	上誼文化	
好朋友	1991	上誼文化	
最奇妙的蛋	1993	上誼文化	

比內特・施羅德（Binette Schroeder）

　　比內特・施羅德出生於一九三九年的漢堡，德國知名的童書插畫家，也是專業的畫家及版畫家。在一九六二至一九六七年間，就讀瑞士巴塞爾（Basel）的職業專科學校學習完整的版畫課程，打下深厚的繪畫技巧及基礎。童年時她並沒有看過圖畫書，但是她的爺爺是位喜歡收藏美術書籍和畫冊的人，所以從小耳濡目染這些名畫，也培養出對藝術的濃厚興趣。施羅德最喜歡的兩位畫家及作品，一位是十六世紀的荷蘭畫家布勒哲爾（Pieter I Bru-egel）的風景畫和人物畫，另一位是波希（Hieronymus Bosch）和他的奇幻境界作品。所以施羅德擅長古色古香的古典作品與妖邪氣息，融入圖畫書中，使欣賞者體會到身入奇幻境界的感受。

　　她的畫作筆觸細膩，尤其擅長掌握潛意識世界的無限想像空間。用色少且大膽，並以隔層透光的方式表現色彩，再加上運用一種充滿神秘、不真實的光彩，使她的畫中世界讓人感受到一種既陌生又熟悉，令人深深迷惑又帶著少許不安。除了童書插畫創作，也喜歡從事攝影，是一位多項才能的藝術家。

施羅德喜歡用膠脂顏料，來呈現寬闊深遠的畫面空間感受。並以細緻的手法表達由近到遠的人、物或景象。且運用色彩描繪出書中欲傳達的感受，讓人立刻感受當時的心境，用圖說話的意境表達鮮明。

施羅德在創作時態度嚴謹，她認為：「我決定畫一本書時，就像是要和這本書結婚般，十分慎重。一方面我創作的每本圖畫書都要花上一、兩年的時間；另外一方面則是我作畫時會完全投入，分享畫中角色的喜怒哀樂，因此如果遇到不喜歡的角色就畫不下去。」因此她每本書都是心血結晶之作。他並認為圖畫書的創作者，一定要全心的投入創作工作，不把最好的插畫提供給孩子，是一種不負責的態度，對於自己的畫作，要有身在畫面中感受，也希望讓孩子們感受到那種不可思議的體驗。在其插畫作品中有鮮明的感受其欲說之意。

作品尚有《洋娃娃歷險記》、《你好！拖拉機麥克斯》、《美女與野獸》、《青蛙王子》等，未在國內出版。

施羅德曾榮獲「法國娛樂獎」、「來比錫國際圖書藝術展銀牌獎」、「布拉迪斯插畫雙年展金蘋果獎」、「德國兒童文學最優秀圖畫書獎」、一九九七年「德國繪本大獎終身成就獎」、「瑞士最美麗圖書獎」、「日本世界圖畫原畫展貓頭鷹獎」、「荷蘭每月銀羽毛獎」、《紐約時報》年度「最優秀圖畫書獎」、「法蘭克福青少年文學獎」等等榮譽。

【表 4-3】比內特・施羅德在台灣出版作品一覽表

書　名	出版年份	出版社	得獎記錄
鱷魚先生遊巴黎	1994	台英	
吹牛男爵歷險記	1998	格林文化	
滿月傳奇	1998	格林文化	
雪從遠遠天上來	2000	格林文化	

主題網

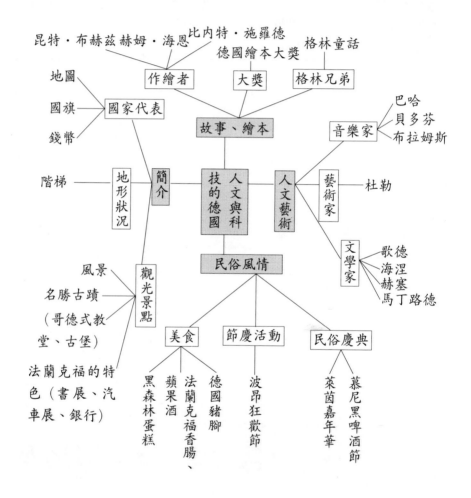

行動教學與遊戲

教學目標	1.認識德國所在的地理環境及位置 2.認識德國的圖畫書作繪者 3.了解德國的民俗風情 4.能主動參與情境布置 5.能與人相處互動和諧 6.了解東西有正面與背面的特徵及運用功能	準備材料	準備教材地圖以及地球儀：德國 準備德國的風景圖片（啤酒節、新天鵝堡、貝多芬的故居、科隆大教堂或其他教堂、傳統服飾、南部居民建築……等圖片） 情境音樂：貝多芬或是其他音樂家

活動名稱	活動內容	活動材料
一、階梯的德國	(一)引起動機 　由德國的地圖及地理位置，帶領孩子了解德國這個國家及其風俗民情	·德國地圖、國旗、國花、地球儀、相關的風景或是其他教堂、古堡圖片
二、認識德國的繪本作家	(一)介紹德國的繪本作家：昆特·布赫茲、赫姆·海恩、比內特·施羅德 (二)閱讀其相關繪本	
三、看過來正面和背面	(一)透過布赫茲的圖畫書和孩子討論，在布赫茲的圖畫書中討論其中的人物「背影」	

（下頁續）

（承上頁）

德國

讀繪本，遊世界：著名繪本教學與遊戲

0
7
6

	（二）看布赫茲繪本中的房子是否與德國古堡相似呢？兩相做比較	
	（三）喧嚷的城堡 由布赫茲書中的房子及其他城堡圖片，引起孩子對於城堡的興趣，讓孩子自由創意製作城堡，利用不同的剪貼方式，完成情境布置（可邀家長一起來做）	·資源回收物：紙箱、膠 水、膠帶、剪刀、美工刀、其他紙類、顏料
四、童話城堡之旅	（一）好朋友遊城堡 說《好朋友》的故事，一起帶領大家來到城堡中暢遊一番	·繪本：赫姆·海恩《好朋友》圖畫書
	（二）城堡中的人物 1. 傳統服飾 利用大人或其他不要的衣服，裝扮成德國傳統服飾 2. 格林童話人物 透過童話中人物，舉行「親子格林童話」人物化粧舞會 3. 當日十一點十一分灑糖果慶賀	·大人或其他不要衣物、布
五、城堡中的市集跳蚤市場	（一）由照片書籍中了解德國多博覽會的歷史背景 （二）由孩子分組討論，城堡中的市集及市集買賣相關金錢遊戲	

（下頁續）

	1.「設立銀行出入口」 　(1)設計錢幣及存款簿 　(2)存取現金的遊戲，延伸 　　至以下攤位買賣的買賣 　　遊戲 2.「舉行跳蚤市場活動及相 　關事項」 　(1)討論攤位的種類 　　‧交換書籍的書攤 　　　討論如何布置成讓別 　　　人一看就知道是交換 　　　書籍的地方 　　‧可愛小汽車 　　　設計如何布置成可愛 　　　汽車攤 　　‧黑森林蛋糕店 　　　可以由家長帶領孩子 　　　一起來製作，並且由 　　　孩子布置情境 　　‧德國豬腳店 　　　準備滷豬腳，孩子製 　　　作海報、攤位裝飾 　　‧推啤酒過關 　　　規畫將啤酒杯裝滿水 　　　並推酒杯，推到一定 　　　長度即算過關，贈送 　　　果汁一杯 　　　PS：酒杯中裝滿水， 　　　桌面灑水增加滑動速 　　　度 　　‧小小科學家	‧紙類、膠水、膠 　帶、剪刀、顏料 　彩色筆或是版畫 　用具 ‧蒐集大人及孩子 　可交換的書及雜 　誌 ‧蒐集孩子的小車 　子 ‧麵粉、奶油、 　糖、巧克力、雞 　蛋 ‧滷豬腳 ‧啤酒杯、水、果 　汁、水桶 ‧小空玻璃瓶、紙 　鈔	德 國 格 林 童 話 的 發 源 地 0 7 7

（下頁續）

（承上頁）

	操作科學實驗，例如：拿一個空的飲料玻璃瓶，倒立在紙鈔的上面，如何把紙鈔拿出玻璃瓶不倒呢	
	(2)海報的製作 ・討論並設計攤位標題 ・製作背影海報 PS：由活動（三）看過來正面和背面的延伸	紙張、顏料 布赫茲圖畫書 《只有標題的夢》 《瞬間收藏家》
	(3)猜猜我是誰有獎徵答 ・每一小組中提供一位成員的背面，猜一猜是誰的背影，並做有獎徵答，答對者由各小組討論該如何的回禮	
六、分享活動	分享： (一)自己在活動中所看見好玩或溫馨的事情 (二)猜海報背影或擺攤的過程中，有無學習到如何改進的事情 (三)裝扮的過程中為何做此打扮 (四)白紙上畫出所擺攤位的位置，讓孩子畫出對不同攤位的感受	繪本：赫姆・海恩《快樂的婚禮》圖畫書書談分享

▲教室內放咕咕鐘做報時工作

你不能不知道

人文風俗

- 慕尼黑啤酒節：每年九月的最後一個禮拜和十月的第一個禮拜，為期兩個星期，為世界著名最大慶典之一。
- 萊茵河地區「嘉年華會」：其歷史緣由是一百多年前，拿破崙強佔萊茵區，由於軍隊的壓力，在這兒的德國人以瘋癲的樣子來自娛，以狂歡的方式來抵抗無處發洩的不滿情緒。後來大家一直以此型態慶祝勝利。一大早大家打扮五彩繽紛、各種奇形異狀，在街頭遊行嬉鬧，中午還有花車遊行隊伍，把糖果、餅乾拋給大家分享。
- 波昂狂歡節：每年十一月十一日十一點十一分開始舉行，象徵生活的新起點，他的主題反映大自然的消長，生命與死亡的糾葛。最高潮的活動是化妝大遊行，遊行隊伍向沿路的民眾灑糖果，一反印象中德國人不苟言笑的個性，大家共同齊歡慶。

聞名產業

　　德國的化學工業及汽車工業均是舉世知名的產業，但其國內的古蹟建築、紀念碑、墓碑等，至少有兩百八十萬件以上的紀念性古蹟及空間喔！

人文藝術

德國傑出音樂家──

偉大的三 B：巴哈、貝多芬、布拉姆斯

- 近代音樂之父巴哈（Johann Sebastian Bach）：為巴洛克時期的音樂巨擘，本身不僅集巴洛克以前音樂之大成，更成為後世音樂發展的啟迪者。

- 樂聖貝多芬（Ludwilg van Beethoven）：在德國有很多地方都有貝多芬紀念館，他集古典主義之大成，開浪漫主義之先河，其作品和故事激勵、感動全球億萬人的心靈。其代表作「月光曲」、「命運交響曲」、「田園交響曲」、「第九交響曲」。

- 偉大的三 B 之一布拉姆斯（Johannes Brahms）：他是古典主義的最後光芒，畢生精研古典樂曲，追求古典精神的作曲家，代表作品「德意志安魂曲」、「搖籃曲」。

- 樂聖泰斗韓德爾（Georg Friedrich Handel）：以神劇名垂千古、萬古流芳，最著名神劇「彌賽亞」其中的「哈利路亞」對於聽眾更是耳熟能詳。

- 德國浪漫歌劇的先驅韋伯（Carl Maria von Weber）：開創浪漫樂派的他，其著名歌劇為「魔彈射手」。

- 孟德爾頌（Felix Mendelssohn）的忘年之交：他是位幸福美滿的音樂家，在十二歲時，在某次偶然的週日音樂會上，在歌德面前演奏，之後兩人結成忘年之交，當時的歌德已經七十三歲了，這份友誼直到歌德去世為止。尼采曾說：「孟德爾頌在音樂的世界中，是個美麗的偶然」。

- 一代情聖舒曼（Rotert Alexander Schumann）：是位浪漫派的音樂文學家，是一位集作曲家、文學家、評論家和開風氣之先於一身的文化工作者，代表作品「憶兒時」。
- 歌劇大師華格納（Richard Wagener）：是位作曲家及指揮家，亦是「新天鵝堡」的設計者，代表作品歌劇「羅安格林」。

德國著名哲學思想家——
- 宗教改革家馬丁‧路德（Martin Luther）：其代表作品《新約全書》。
- 大文豪歌德（Johann Wolfgang von Goethe）：其代表作品《少年維特的煩惱》、《浮士德》。
- 浪漫主義抒情詩的繼承者海涅（Heinrich Heine）：代表作品《海涅詩集》。
- 新浪漫主義的赫塞（Hermann Hesse）：在一九四六年曾經獲得諾貝爾文學獎，代表作品《流浪者之歌》、《徬徨少年時》。

人文理想最重要的日耳曼藝術家——
- 阿爾布雷希特‧杜勒（Albrecht Duer），他為藝術的歷史另闢新境，擅長創造出結合後哥德和現代兩時期的的藝術創作，是位「萬能全才」也精通金器打造術、油畫及版畫，也是位作家，熟稔解剖學及透視畫法的理論與運用，代表作品包括一五〇〇年的「自畫像」（Selfportrait）、「希羅尼摩斯神父畫像」（Portrait of Hieronymus Holzschuher）、炭筆素描「藝術家之母」（The Artist's Mother）。

大開眼界的博覽會

法蘭克福的各式各樣博覽會常相繼不斷，最著名的有國際書展（是全世界成立最早、規模最大的書展）、國際汽車展、國際紡織品展和新產品發表會等。

各式各樣的展覽使得「做生意就到法蘭克福」這句話名副其實，也因此大筆金錢往來此地，銀行業也蓬勃發展起來，奠定其世界金融的重要地位。

人文知性展覽

· 柏林國際影展（每年二至三月），台灣電影經常有機會去參展，且曾獲得大獎。

· 德國繪本大獎（Deutscher Bilderbuchpreis）：德國自一九五六年以來，唯一定期頒發的國家文學獎。由「德國青年文學協會」擔任評審單位。該協會在德國兒童文學界是相當具影響力的團體，因此兒童文學創作者莫不以得到「德國繪本大獎」為努力奮鬥的目標。每年得獎作品都經過激烈的競爭方能崢嶸而出，因此「德國繪本大獎」在家長和教育工作者的心目中，是一個值得信賴的獎項。

參考資料

書籍

蕭淑美主編（民 80） 國家與人民，中歐。台北：錦繡。

林佳蒨主編，朱鳳仙、林佳蓉、孫玉珍譯（民 85） 放眼新世界 6，中歐、西歐。台北：錦繡。

劉文雯、朱月華著（民 86） 歐洲藝術之旅。台北：聯經。

陳秋月、沙子芳、祝文君（民 83） 世界親子圖畫書。台北：台英。

鄭明進（民 88） 傑出圖畫書插畫家，歐美篇。台北：雄獅圖書。

李紫蓉、林芳萍、趙映雪（民 81） 上誼世界圖畫書金獎名家選，共賞扉頁間。台北：上誼。

服部龍太郎著，張淑懿譯（民 70） 一百位偉大音樂家。台北：志文。

趙雲編譯（民 67） 名曲故事。台北：志文。

蕭次融（民 88） 蕭博士玩科學秘笈。台北：民生報。

網站

▶台灣國旗網　http://www.flags.idv.tw

　　世界各國的國旗、國徽、國花、錢幣、國家簡介等。

▶華文網網路書店　http://www.book4u.com.tw/book.asp

　　當下所出版的圖畫書動態，及作繪者和內容的簡介。

►**MOOK自遊自在旅遊網全球景點** http://www.travel.mook.com.tw/
global/Europe/

　　介紹地球五大洲的國家，包含其重要民俗活動及其緣由、名
勝古蹟、景點。

►**WCN 世界之旅** http://www.wcn.com.tw

　　國家的基本介紹、旅遊須知、指南、新聞、商店街等。

►**文建會兒童文化館** http://www.cca.gov.tw/children

　　每月都有新書動畫與你實際互動、遊戲，及國內各大童書出
版社的連結。

其他

世界名曲鑑賞，科藝百代股份有限公司授權歐華唱片股份有限公
　　司發行。

世界童謠精選，幼福文化事業有限公司。

國際中文版音樂大師，巨英國際股份有限公司台灣大英百科股份
　　有限公司出版發行。

「可愛小汽車」來來來喔！歡迎來交換你所想要的車子

「推啤酒」看看我的功夫好不好，老闆小心接著

「小小科學家」這題好好玩喔！你知道答案是什麼嗎？

伸入地中海的獨角靴

世界童書在台灣——義大利篇

【教案設計】
黃金鳳——台北市立師範學院畢業
陳秀麗——台北市立師範學院畢業

義大利

讀繪本，遊世界：著名繪本教學與遊戲

　　義大利是南歐三大半島之一。長靴型的義大利是歐洲的一個古文明國家，西北與法國為鄰，北面以阿爾卑斯山與法國、瑞士、奧地利為界，東南面和西南面則深入地中海，而形成似皮靴狀之半島。全國領土還包括了在半島末端之南的西西里島；及半島西方的薩丁尼亞島。全國面積為三十萬一千三百二十三平方公里，人口現今約五千三百多萬，首都是有「世界之城」之稱的羅馬。義大利的北部之波河平原土壤肥沃，有「義大利穀倉」之稱；人口稠密，而且產業發達，是義大利最重要也最富庶的農業區，屬於地中海型氣候的義大利非常適宜果樹的栽培，葡萄和橄欖種植面積廣大，葡萄酒之產量，僅次於法國，居於世界第二位。因為義大利擁有豐富的大理石及水力資源，而發展為南歐地區工業最發達的國家。除了紡織工業外，汽車工業也相當發達，耳熟能詳的如法拉利、愛快羅密歐、飛雅特等豪華轎車聞名於世。

　　義大利交通運輸非常方便；公路、鐵路、航空、運河等構成便捷交通網路。國境北面雄偉之阿爾卑斯山系，加上古羅馬豐富之文化遺產，再配上溫暖怡人的地中海型氣候，使義大利也成為觀光事業非常發達之國家。

基本資料

國旗	義大利國旗——綠、白、紅條紋是由一七九六年共濟會所屬米蘭民兵志願者創造的。綠色是美麗的國土，白色是雪，紅色是沿用法國三色旗，代表自由、平等和博愛。
國徽	
國花	雛菊，別名延命菊
主要語言	義大利語
首都	羅馬
貨幣	里拉

名勝古蹟

　　無論我們從任何角度去切入，這隻懸宕在南歐的長統靴——義大利，都像是一尊晶瑩剔透的雕像，氣定神閒的枕在地中海的波光中，享受得天獨厚的讚美。

　　現在就讓我們來逛逛義大利名城：

羅馬（Rome）

　　在地中海世界盤踞了三千多年的古都，素有永恆之城，也是義大利的首都，擁有無與倫比的歷史藝術及精神財富，古羅馬的文化遺跡遍布全城。

米蘭（Milan）

　　是義大利的第二都市，是個有著輝煌歷史與高度文化的工商業大城，戲劇、音樂、美術，特別是聞名於世的斯卡拉歌劇院，是米蘭市民對文化深刻的愛護，也是精神食糧。服飾設計也是當今翹楚。

佛羅倫斯（翡冷翠）（Florence）

　　是義大利和歐洲文化的發祥地。有其優美的城市環境、傑出的藝術遺產以及優質的手工藝品（金銀、皮鞋製品、稻草編織）等，十八世紀時佛羅倫斯成了人文主義的文義復興中心；達文西、米開朗基羅為其代表人物。

威尼斯（Venice）

沼澤中誕生的藝術之都，早期是無土可耕、無石可採、無鐵可鑄、無水可飲、甚至於無木可造房舍，難民們克服萬難，在星羅棋布的島嶼，建立了黎多港（Rialto），並將建築物建立在各島上，所以船就代替了車成為獨具一格的交通工具，今日的威尼斯所擁有的古代遺跡已成為觀光、玻璃、造船、漁業等重要城市及港口之一。

梵蒂岡（Vaticar）

這個神聖國度是擁有全球八億天主教徒的信仰中心、教會行政中樞；是一個影響力無遠弗屆的國度，舉凡王宮、教堂、博物館、學校、花園、銀行、郵局……應有盡有，可說是麻雀雖小五臟俱全。

西西里島（Sicily）

終年陽光普照有「太陽島」之稱，是歐非踏板的西西里島，也是地中海中的大島嶼，利用沿岸的風光發展蓬勃的觀光事業。

波隆那（Bologna）

除了上述介紹的城市外，尚有「紅都」之稱的波隆那有著歷史悠久，保留許多紀念性的建築，東、西兩邊的吉奧雷（Giore）、聶圖諾（Nettuno）廣場，在在都是吸引大批觀光客的主要原因。

拿波里（Napoli）歌謠之鄉

位於長統靴踝部一顆閃耀的明珠，有著山水相映的美麗港灣，其海角一樂園的雅號與雪梨（Sydney）和里約熱內盧（Rio Janeiro）並稱為世界三大美港，其魅力似乎更甚二者。更有帶動潮流的飲食文化，如：家喻戶曉的拿波里（派、披薩、麵、冰淇淋），因此在世人眼中，拿波里也是藝術與美食（通心麵、披薩）的代名詞。難怪有人說要認識義大利，就從披薩和通心麵開始。

浪漫天性

最後，我們再來談談義大利人的浪漫與生活，他們得天獨厚，從小浸淫在豐富的藝術環境裡，長期的潛移默化之下，培養出過人的美術素養和品味，還有那充滿律動之美的義大利語，聽起來像字字跳躍的音符，尤其是拿波里民謠，熱情的旋律、輕盈的節奏、別具風格的和聲，它會不自覺的使你飛奔向那碧海、藍天。追求美和美感是該國的特色，全世界最美的汽車「法拉利」（Ferrari）也是它獨特的美感表現。

 **童謠**

下列耳熟能詳之童謠，原曲出自義大利，歌詞部分由國人自行填詞而成。

卡布里島

那令人亮眼的卡布里呀，那令人陶醉的金色多麼美

放眼望去到處是一片碧綠，我始終也會能關懷你

我倆曾在泉水旁邊，快樂歌唱並遊戲

看薔薇在山腳爭艷，聽那杜鵑枝頭亂啼

過去的事像雲煙已無蹤跡，我不知道如今你在哪裡

我只是人再回到卡布里，再回到卡布里來看你

可愛的陽光

可愛的陽光，雨後重現輝煌

照映花上水珠，粒粒閃金光

和暖的花園，充滿玫瑰香甜

在陽光溫暖裡，飽享著慰安

但在我心中，充滿希望，因為你眼中柔潤光芒

直入我心的深處，驅散一切一切憂傷

散塔路琪亞

黃昏遠海天邊，薄霧茫茫如煙

微星疏疏幾點，忽沉又忽現

海浪蕩漾迴旋入夜靜靜欲眠

何處歌喉悠遠，聲聲逐風轉

夜已昏欲何待，快回到船上來

散塔路琪亞，散塔路琪亞

夜已昏欲何待，快回到船上來

著名童書作繪者簡介

英諾桑提（Roberto Innocenti）

　　是義大利現代最偉大的插畫家之一，從小在義大利的鄉村長大，家境清苦又遇二次世界大戰而沒機會進入藝術學校，只有靠他充滿藝術細胞的驅使走入藝術之路。《鐵絲網上的小花》一書中他表達了戰爭中的無奈、悲哀、恐懼和矛盾也體會人性的光輝，《木偶奇遇記》裡的人、物表情都非常的生動、色彩棕灰、乾淨純粹，人生百態都在故事裡穿梭自如，他作畫的特殊風格是從時空背景、場景布局和角色性格三個向度去延伸擴張，《小氣財神》、《胡桃鉗》、《仙履奇緣》在在表現他精湛的水彩畫法功力，這種巧妙取景讓讀者們好像身歷其境，也將真實細膩場景表達的淋漓盡致。

　　真誠、寫實是他插畫用心之處，畫家偉大的心靈只能藉畫來詮釋與表達，英諾桑提他自己不斷的努力作畫，繪本創作也在國際間倍受矚目與推崇，並得到「布拉迪斯國際插畫雙年展（BIB）金蘋果獎」、紐約時報「最佳插畫展」以及「英國格林威最佳推薦獎」等。

【表5-1】英諾桑提在台灣出版作品一覽表

書　名	出版年份	出版社	得獎記錄
鐵絲網上的小花	1996	格林文化	布拉迪斯國際插畫雙年展
木偶奇遇記	1997	格林文化	
聖誕頌歌	1997	格林文化	
小氣財神	1998	格林文化	
胡桃鉗	1999	台灣麥克	
灰姑娘	1999	台灣麥克	

朱里安諾（Giuliano Ferri）

　　《一片披薩一塊錢》是朱里安諾早期的作品，在他筆下畫出的動物總是對比的誇張、可愛、逗趣、好笑，可愛胖熊利用腳捧披薩的樣子，讓小朋友們又驚又喜。瘦小的鱷魚烘烤出鬆軟可口的蛋糕，亦讓小朋友們垂涎欲滴，看完他的畫大家好像已飽餐一頓了，畫中他不僅抓到人們的胃，也抓到幼兒教育的感覺教育、數學教育，最重要的是整本圖畫書都充滿童趣的構圖味道。

【表5-2】朱里安諾在台灣出版作品一覽表

書　名	出版年份	出版社	得獎記錄
獨角獸	1995	台灣麥克	
一片披薩一塊錢	1998	格林文化	義大利波隆那大獎
宇宙的鑰匙 ——愛因斯坦	1999	格林文化	
當我們在一起	2000	格林文化	
大象的鼻子為什麼那麼長	1997	台灣麥克	

主題網

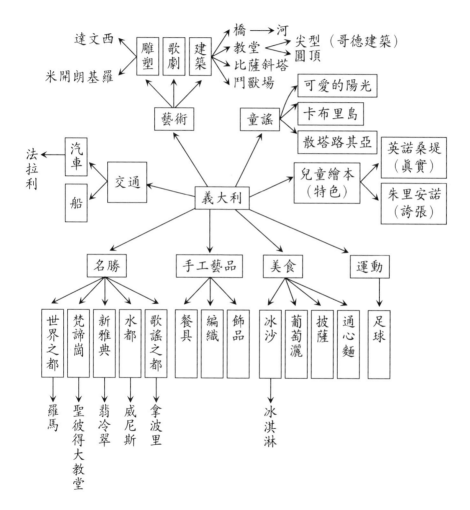

達文西
米開朗基羅
→ 雕塑
歌劇
建築 → 橋 → 河
教堂 → 尖型 圓頂 （哥德建築）
比薩斜塔
鬥獸場

雕塑、歌劇、建築 → 藝術

童謠 → 可愛的陽光
卡布里島
散塔路其亞

兒童繪本（特色） → 英諾桑堤（真實）
朱里安諾（誇張）

法拉利 ← 汽車
交通 → 船、汽車

藝術、童謠、兒童繪本、交通、名勝、手工藝品、美食、運動 → 義大利

名勝 → 世界之都、梵諦岡、新雅典、水都、歌謠之都

世界之都 → 羅馬
梵諦岡 → 聖彼得大教堂
新雅典 → 翡冷翠
水都 → 威尼斯
歌謠之都 → 拿波里

手工藝品 → 餐具、編織、飾品

美食 → 冰沙、葡萄瀧、披薩、通心麵

冰沙 → 冰淇淋

運動 → 足球

行動教學與遊戲

義
大利

讀繪本，遊世界：著名繪本教學與遊戲 ０９８

情境布置	1. 語文文化角：義大利國家（及各大城市）地圖、童謠（CD 或錄音帶）。 2. 圖書角：義大利繪本、故事書（《一片披薩一塊錢》、《宇宙的鑰匙》、《鐵絲網上的小花》、《小木偶奇遇記……》）。 3. 扮演角：手指偶（小木偶、仙女、披薩、貓、狐狸、蛇……）。 4. 積木角：比薩斜塔（餅乾、嗶嗶糖）。 5. 工作角：披薩、義大利麵 DIY（陶土、麵土、通心粉）。 6. 科學角：地球儀、義大利國家掛圖。
團體討論：引起動機	一、小朋友你們喜歡吃什麼樣的點心呢？中式或西式？今天老師要先讓你們到義大利去認識胖胖熊阿比做的披薩和瘦子鱷魚阿寶做的蛋糕唷，保證你們聽完後垂涎三尺。就好像太陽公公在按摩你們的胃一樣，沒有翅膀也會飛呢；阿寶的蛋糕更會讓你們肚子的小星星在笑、天上的雲也會在嘴裡飄唷！還有小朋友們喜歡吃的義大利通心麵和冰淇淋！ 二、義大利國家是在歐洲的南部，這個國家長得很特別，樣子像一隻長長的靴子，一半掉入地中海似的。腳尖前面又有一顆像快要被踢到的足球的島叫做──西西里島，真是可愛！小朋友是不是有很想去踢踢它的衝動呢？義大利的足球是世界有名的，也誕生很多的足球名星唷！ 三、義大利人說的話很好聽，當我們聽到電視咖啡廣告在說義大利語時，就好像是小朋友們在跳韻律舞那麼美。 四、義大利和我們中國都是很古老的國家，所以就會有很多的古蹟；如建築物「比薩斜塔」是代表歷史的產物，有一句話說：「羅馬不是一天造成的」，這裡的房子有尖形的教

（下頁續）

堂、圓形的鬥獸場，比薩斜塔珍貴建築古物的代表。梵蒂岡就在羅馬的旁邊，這個是世界上最小的國家，只有中正紀念堂的兩倍大，而且這裡都是天主教徒，是世界上所有天主教人的精神所在地呢！到義大利去玩一定要去博物館裡欣賞，裡面有陳列人類文明的寶藏，藝術家米開朗基羅、雷諾瓦的作品。

五、世界上最美麗的都市之一不是台北市，是義大利的的水都——威尼斯，因爲它附近有很多的小島，交通只能利用船來代替車子，這是它們的特色。威尼斯影展也是家喻戶曉的影展。

六、米蘭：它不是產米的城市，它是義大利北部重要的工商業都市，其服飾、皮革在國際也紮下堅實的地位。

七、義大利是一個到處充滿藝術與文化氣息的歐洲古老文明古國，到這個國家旅行你會有看不盡的教堂，走不完的博物館、美術館，這些都是藝術珍品和不朽的傑作，點綴人生的繪畫、雕刻、文學、歌劇及現代化代表的法拉利車子，都是全世界最美的唷！看完了義大利這麼多的圖片介紹，小朋友們，讓我們來開始動動手、動動腦實際行動吧！

活動名稱	活動目標	準備材料	活動過程
活動一：比薩斜塔	1.培養樂於助人的態度 2.建立團隊合作的觀念	各式各樣的餅乾（嗶嗶糖）、比薩斜塔的圖片、錄音機、卡布里島錄音帶。	1.準備各種不同形狀的餅乾置於桌上並將幼兒分A、B兩組進行比賽 2.老師先介紹義大利比薩斜塔搭建過程，及播放卡布里島兒歌，引導傾聽熟悉後，才開始進行比賽 3.當兒歌音樂響起，A、B兩組幼兒以接力方式，直到音樂停止（隨時按停），看哪一組的餅乾堆得高

（下頁續）

活動二：足球大賽	1.培養空間概念將球指標同同遊戲 2.會踢到目和共作定 3.會僑合合戲	1.場地：河堤公園、操場 2.器具：足球賽錄影帶、足球、銅板各一、哨子、球門兩邊、裁判	1.比賽人數：十二人（六人一組）分A、B兩組 2.活動過程：先放足球賽錄影帶，讓小朋友們觀賞比賽的規則，守門員除外不可用手碰球，及守備位置 3.集合隊形：將小朋友分成A、B兩組，各佔一邊場地 4.活動步驟：A、B兩隊選出隊長要人像或梅花，由裁判擲銅板看哪一隊先攻 5.時間：一場二十分鐘，半場十分鐘休息五分鐘，雙方攻守換邊 6.比賽開始：哨音響起兩隊小朋友們盡量散開，且將球踢往對方的球門進球，比賽終了看哪一隊的球進得多獲勝
活動三：披薩ＤＩＹ	1.激發幼兒創作能力小發的肉 2.促進展肌肌發展	麵糰、溫水（兩杯）、糖（兩大匙）、鹽（一小匙）、快發乾麵粉（一大匙）、中筋麵粉（六百克）、奶油（一百克）、洋蔥（一個）、橄欖油（兩小匙）、番	1.製作披薩 (1)把麵糰的材料一次放入鋼盆裡，攪拌成團，再加奶油用力揉成光滑柔軟的麵糰 (2)放回盆中，蓋好，放在溫暖的地方發酵約兩小時，直到麵團漲大約兩倍 (3)把洋蔥剁碎，用橄欖油炒香，加蕃茄醬、俄力岡葉和黑胡椒煮沸，熄火備用 (4)鳳梨、洋火腿切片，青椒切絲。把發好的麵糰分成兩份，捍成兩個圓薄餅。將(3)炒好的醬料抹在餅上，鳳梨、洋火腿、青椒排在

（下頁續）

（承上頁）

| | | 茄醬（一杯）、俄力岡葉、黑胡椒粉（各一小匙）、鳳梨、洋火腿（各兩百克）、青椒（一個）、披薩乳酪絲（兩百克）、披薩盤兩個 | 上面
(5)烤箱預熱到攝氏二百五十度，把披薩放入烤箱約十分鐘，取出把乳酪絲撒在餅上，再烤片刻，讓乳酪絲融化即可
2.準備活動：
　一週前發通知單，請小朋友們每人帶一份材料來（可事先團討商量）
3.兩班分組：
　揉麵一組、洗菜一組、切菜一組，每一組五人
4.準備材料：
　活動當天將帶來的材料分組進行工作
5.團體討論：
　在發麵團的過程中，觀察其膨脹的物理變化，發麵前、後揉、搓的感覺也有不同，洗切菜的小朋友能體會媽媽的辛苦，最後品嘗到每個人親手共同參與食物與樂趣 |
| 活動四：黏土工：披薩、蛋糕、 | | 各種顏色的黏土 | 1.經驗分享：
　請小朋友們分享做過黏土及吃披薩、蛋糕、冰淇淋的經驗，並描述其顏色、形狀，最喜歡吃的是哪一種，你們聽過有哪些國家有這些的食品
2.活動過程：
(1)發給每人一份分裝好的各色黏土，自己創作自己想吃的披薩、蛋糕、冰淇淋 |

（下頁續）

冰淇淋			(2)大家為自己的作品（食物）命名 3.團體討論： 　每個小朋友都能發揮自己的創意， 　做出與眾不同、五顏六色的作品
活動五：好吃的水果冰淇淋		準備材料： 水果（芒果、西瓜、香蕉、葡萄） 、果汁機、碎冰塊少許	1.活動過程： 　去皮芒果（西瓜、香蕉、葡萄）數 　個，切小塊放入果汁機加入冰塊一 　起打成泥狀即可（葡萄、西瓜要過 　濾） 2.分組活動： 　大班十二人分三組，每一組四人； 　一人削果皮、一人切成塊、一人加 　冰塊打、另一人過濾 3.分享團討：收拾工作後分享、討 　論，哪一組做的冰淇淋顏色最美、 　最好吃
活動六：偶來了（手指偶、棒棒偶）			1.劇本： 　誠實的小木偶（自編） 2.場景： 　森林、披薩 3.人物： 　爸爸（蓋比都）、皮諾丘（小木 　偶）、仙女 4.動物： 　老鷹、烏鴉、貓頭鷹、蟋蟀、小白 　兔、啄木鳥、狐狸、巨蛇、蝸牛 5.教具製作： 　(1)將十二位小朋友們分成三組，一 　　組四人，老師可直接影印書上的 　　圖（動物、人物），再請小朋友

（下頁續）

們塗上顏色後背面貼上膠帶即可
手指操作（或貼在吸管、筷子
上）

⑵亦可自由創作

6.團體討論：

小朋友你們喜歡吃披薩嗎？小木偶
偷吃的行爲對嗎？小木偶爲什麼鼻
子會變長？

教 案 附 錄

　　今天是快樂森林的主人蓋比都爸爸的生日，小木偶皮諾丘爲了
給爸爸開生日會，用心去尋找一片奇異田廣場開PARTY，並且邀請
了老鷹、烏鴉、貓頭鷹、蟋蟀、小白兔、啄木鳥、狐狸、巨蛇、蝸
牛及仙女……所有的動物都來參加，並且每個人都帶來了豐盛菜
餚，尤其是仙女帶來了一個料Q皮脆，光聞香味就會讓你猛流口水
的大披薩。

　　過了不久，舞會開始了大家好像進入玩樂國一般，正在熱鬧、
快樂的盡情玩樂。忽然間傳來了蓋比都震耳欲聾的聲音；

　　蓋比都：「是誰？是誰偷吃我的披薩。」此時；所有的動物都
像是看到海怪大白鯊似的驚慌，並異口同聲說：「不是我、不是
我。」只有皮諾丘躲在一角發抖，所有的動物眼光都轉到他身上，
看到他的鼻子越變越長，他知道爸爸生氣時會把他丟到海裡餵大海
怪，想著想著，他的鼻子長到快碰到地了。

皮諾丘：

　　仙女快救救我呀！

仙女：

　　皮諾丘，只要你說實話，鼻子就會變回去。

皮諾丘：

　　對不起爸爸，披薩是我偷吃的，我不應該沒有徵求你的同意而
偷吃，這是不好的行爲，以後我不敢了。

　　奇怪的事情又出現了，當小木偶說完話後他的鼻子就慢慢的變

（下頁續）

（承上頁）

回原來的樣子了。

仙女：

　　小木偶只要你以後不要說謊，就不會發生奇怪的事情了，知道嗎？

 # 你不能不知道

冰淇淋的由來

　　冰淇淋的前身是一種類似果子露（冰沙）的冰凍食品，是距今約四百四十年前由義大利人製造的。後人再加以變化而成現今多種口味各式各樣的冰淇淋。

義大利有三多

　　島多（一百一十八個）、河多（一百七十七條）、橋也多（四百座）。

比薩斜塔

　　為世界七大奇景之一，其興建工程由一一七四年至一三五〇年，總共花費二百七十六年才竣工。至今塔齡已六百多年了。

美食 DIY

做披薩

讀繪本，遊世界：著名繪本教學與遊戲

106

足球比賽㈠

足球比賽㈡

月亮、地球、太陽

世界童書在台灣——西班牙篇

【教案設計】

陸小瑩——台北市立師範學院幼兒
教育學系畢業
台北市福林國小附設幼
稚園教師

林淑彬——台北市立師範學院幼兒
教育學系畢業
桃園縣龜山鄉私立愛愛
幼稚園園長

林乃方——台北市立師範學院幼兒
教育學系畢業
台北縣金山國小附設幼
稚園主任

讀繪本，遊世界：著名繪本教學與遊戲　108

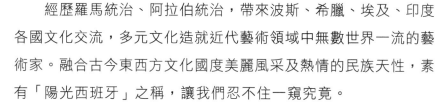

前言

　　經歷羅馬統治、阿拉伯統治，帶來波斯、希臘、埃及、印度
各國文化交流，多元文化造就近代藝術領域中無數世界一流的藝
術家。融合古今東西方文化國度美麗風采及熱情的民族天性，素
有「陽光西班牙」之稱，讓我們忍不住一窺究竟。

基本資料

巴塞隆納

馬德里

國旗	西班牙國旗稱之為「血和金的旗」，中央的黃色是用以歌頌中世紀時哥特王的勇敢。
國徽	徽章是由古代伊比利半島上五個國王的徽章所組合的，二側的柱子表示西班牙本土與中美洲西班牙語系之國，柱子上的緞帶代表「我們將前往更遙遠的世界」。
國花	康乃馨（香石竹）
主要語言	西班牙語
首都	馬德里
錢幣	歐元

觀光風景名勝

馬德里

　　西班牙的首都及文化中心，擁有壯觀的藝術收藏，在馬德里市中心的「零公里」標誌──太陽門，是西班牙的公路起點也是西班牙的心臟。

巴塞隆納

　　鮮明的加泰隆尼亞地區，人才輩出，充滿未來感，浪漫情調多元的城市，曾舉辦奧運，自由奔放的氣息令人流連。

哥多華的清真寺

　　哥多華最重要的古蹟是清真寺，回教風格建築內部，寺內是高度落差錯覺式條狀拱門與多種建築的融合體。

 ## 童謠

　　下列耳熟能詳之童謠，原曲出自西班牙，歌詞部分由國人自行填詞而成。

西班牙姑娘

有一位西班牙姑娘　　　　生長在秀麗家鄉

她有著明亮的眼睛　　　　充滿了熱情歡暢

天真活潑能歌善舞　　　　人們都非常讚賞

她意志堅強身體又強壯　　她喜歡自由歌唱

啊！姑娘，姑娘　　　　　天真的好姑娘

快快快來跳舞歌唱　　　　快快快來跳舞歌唱

姑娘，姑娘　　　　　　　天真的好姑娘

快快快來跳舞歌唱　　　　不要辜負了好時光

 著名童書作繪者簡介

卡門凡佐兒（Carme Sole Vendrell）

　　出生於西班牙巴塞隆納，陽光燦爛的海港是使她靈感豐沛的泉源，作品延續曾中斷的加泰隆傳統繪畫風格，雖然每階段皆有不同藝術風貌作品，但特殊的陽光西班牙畫風讓讀者一眼就能分辨出是卡氏的作品。她針對兒童感情、情緒發揮的內省創作處處充滿驚奇，被列為地中海插畫風格的代表作家，作品風靡全球。每一個時期的作品都有她不同的色調、動態靜態的改變，時而鮮明，時而色調暗沉。

　　卡門凡佐兒故事的主角人物大多是兒童，但總是有潛在的寂寞氣氛，作品中總是出現憂愁、悲傷和恐懼。認為兒童與大人也

有相同陰暗的情緒，在書中潛在的述說也是卡氏繪本中重要的一種風格。

　　卡門凡佐兒的想法中，藝術與人生活背景經歷是完全融合，選擇插畫來訴說她的藝術內省感性與知性語言。在現實社會的衝擊下，能享受如此充滿美麗的畫面，真是奇妙，不但為兒童也為大人開啟現代藝術心靈的大門。

【表6-1】卡門凡佐兒在台灣出版作品一覽表

書　名	出版年份	出版社	得獎記錄
彩虹智慧書	1995	格林文化	
流光似水	1996	格林文化	
強強的月亮	1996	格林文化	
如果樹會說話	1997	格林文化	布拉迪斯國際插畫雙年展大獎
月亮、地球、太陽	1997	格林文化	

主題網

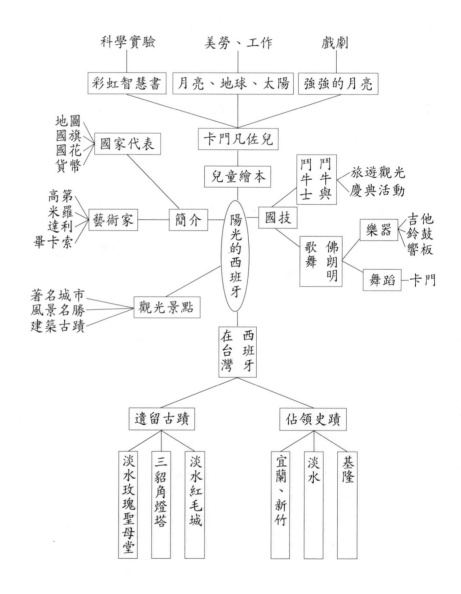

科學實驗　　美勞、工作　　戲劇

彩虹智慧書　　月亮、地球、太陽　　強強的月亮

地圖
國旗
國花
國幣
貨 → 國家代表

卡門凡佐兒

兒童繪本

高米
第羅利
達卡索
畢 → 藝術家 → 簡介 → 陽光的西班牙

鬥牛與鬥牛士 → 旅遊觀光慶典活動

國技

歌舞 → 佛朗明 → 樂器 → 吉他鼓鈴響板

舞蹈 → 卡門

著名城市
風景名勝
建築古蹟 → 觀光景點

在台灣西班牙

遺留古蹟

淡水玫瑰聖母堂　三貂角燈塔　淡水紅毛城

佔領史蹟

宜蘭、新竹　淡水　基隆

西班牙行動教學與遊戲

教學目標	1.知道西班牙的地理位置 2.認識西班牙的風土民情 3.認識西班牙的繪本作家 4.會操作相關的科學實驗 5.主動參與布景的製作及角色的扮演	國家相關資源	地圖：西班牙 圖片：西班牙風景，鬥牛、佛朗明歌舞、四大藝術家（畢卡索、高第、米羅、達利）相關作品圖片 音樂：西班牙童謠、歌曲

教案名稱	活動過程	教學資源	相關繪本
·西班牙國家介紹	·引起動機 事先準備西班牙相關圖片，認識西班牙的位置、歷史、人文。	西班牙國旗、國花、地圖、風景名勝圖片	
一、有趣的科學遊戲	(一)地球、月亮、太陽的關係實驗 了解地球、月亮、太陽三者的關係 (二)彩虹實驗 1.吹泡泡實驗 2.太陽噴霧實驗	天象圖片、三星球儀、天象錄影帶 彩虹圖片、錄影帶	卡門凡佐兒： 1.強強的月亮 2.月亮、地球、太陽 3.彩虹智慧書 ·「地球、月亮、太陽關係實驗」之後閱讀更能體會書中情意

（下頁續）

（承上頁）

西班牙

活動	內容	材料	繪本
二、月亮、地球、太陽戲劇布景製作	透過《月亮、地球、太陽》與《強強的月亮》兩本書共同討論的歌舞劇，同時進行小組布景製作。		1.《強強的月亮》 2.《月亮、地球、太陽》
·《月亮、地球、太陽》劇本參考（見一一七頁的教案附錄）	(一)背景布幕—星空：甩畫	油漆用大刷筆、廣告原料黑布、紗窗框	
	(二)布景版製作— 1.小小畢卡索—隨意畫、抽象畫	畢卡索畫冊、圖片、全開道林紙、彩色筆、水彩、蠟筆	
	2.高第建築—小小建築師製作節奏樂舞台	高第相關建築作品圖片、紙箱、布、書面紙、大膠帶……等	
	(三)服裝道具造型製作 1.彩虹舞裙、海盜、章魚 (1)製作佛朗明歌舞舞裙、舞衣	塑膠袋、皺紋紙、各色塑膠袋	
	(2)披風章魚	大桌巾、汽球、各種紙類	

（下頁續）

	(3)獨眼海盜	頭巾、眼罩、深色電器膠布、家長鄉土味衣服
	(4)村姑村民裝扮	
	2.自製樂器 吉他、響板、沙鈴	餅乾盒、木頭、養樂多空瓶、綠豆、橡皮筋、書面紙
	3.月亮、地球、太陽，三星球造型製作	厚紙版、金色紙、銀色紙、紅色紙、黃色紙……等各種紙張、膠水

教 案 附 錄

《月亮、地球、太陽》劇本	・主要角色：強強、爸爸、月亮、地球、太陽、星星、章魚
	・劇本內容：
・背景音樂：禁忌遊戲	海邊峭壁上一棟古老小屋裡，強強和爸爸快樂住在一起，強強爸爸是一個漁夫，有一天因為捕魚遇到一群可怕的海盜，一陣扭打，爸爸被海盜綁起來，這時海上刮起大風浪，海浪將爸爸及海盜的靈魂捲到海底的深處，強強知道了好害怕，只好去求常常陪他的月亮幫忙，可是……
	月亮：我也好害怕，平常因為有你陪我，所以我很勇敢，可是現在你也害怕在哭，我也好想大哭，不知怎麼辦？
	強強：可是你不幫我的忙，我就不知道找誰幫忙，怎麼辦？
	（強強、月亮一起大哭，此時熟睡的地球被吵醒了！）

（下頁續）

（承上頁）

地球：誰的哭聲這麼大聲啊！

（地球揉揉眼，左看看！右看看！）

地球：月亮，強強為什麼哭？

月亮：哇……因為（「蔡蔡咚」表示敘述整件事）……所以強強找不到爸爸很害怕，我沒辦法幫他，我也想哭！

（地球聽了覺得好悲慘，忍不住掉下淚來，覺得心中好難過，太陽正好經過）

太陽：喔！喔喔！怎麼了！

地球、月亮、強強：我們好難過（哇……）……（蔡蔡咚）

（地球將一切告訴太陽，太陽在一旁沉思好久，終於說話了）

太陽：地球難過的哭了，是因為月亮難過，月亮難過的哭了，是因為強強難過，強強難過的哭了，是因為爸爸不見了，爸爸不見了，是因為出海補魚靈魂被大浪捲走……

（太陽手指比來比去，比來比去）（蔡蔡咚）

太陽：對了！把爸爸的靈魂找出來不就好了嗎！

月亮、地球、強強：怎麼找？

太陽：我知道在海底的深處有一隻大章魚，最喜歡捉漁夫的靈魂作伴，強強的爸爸一定在那兒。

強強、月亮、地球：太好了！

強強：那海底那麼深那麼黑，要怎麼去呢？

太陽：有一個辦法！讓月亮帶你去。

月亮：我不敢！而且我這麼圓、這麼胖，強強也抱不動我啊

太陽：傻瓜！只要將你裝在籃子裡不就成了嗎？

月亮：可是我不敢去，我害怕！

（下頁續）

太陽：不用怕，只要用我太陽的光芒照出一道光梯，你跟強強順著我的光梯一定可以找到爸爸的靈魂。

強強：月亮，拜託你啦！有你的陪伴我不會害怕，你也不會害怕。

月亮：（沉思狀）（夒夒咚）好吧！試試看吧！
（強強把月亮塞在籃子裡，乘著太陽的光梯到達海底深處，終於看到一隻巨大的章魚用八隻腳緊緊抱著強強爸爸及其他漁夫、海盜的靈魂。章魚被圓圓胖胖的月亮所吸引，發呆到鬆開八隻腳，爸爸的靈魂飄向強強，當章魚發現時……）

強強、月亮（大叫）：太陽救命啊！救命啊！
（太陽聽到強強的叫聲，馬上把光梯變得更加閃亮到睜不開眼，強強、月亮因此逃過章魚的追趕，平安的回到陸地。而且強強不只救回爸爸，也救回其他漁夫的靈魂，連海盜都一起救回來。

整個小漁村的村民及海盜窩的海盜，高興的一起唱歌跳舞狂歡。

太陽的光芒照在村民跳舞的姑娘的裙子上閃閃發光，像一朵朵盛開的花。

強強高興的親親月亮、太陽、地球的臉，手拉手相約要永遠圍繞在一起，小星星看到熱鬧的場面，都忍不住飛到強強的身旁，讓強強坐在他身上，一起與他們手牽手。）

· 改編自《強強月亮》及《月亮、地球、太陽》（格林文化）

· 背景音樂：西班牙姑娘

（下頁續）

（承上頁）

・分享活動	討論分享 1. 觀賞錄影帶、照片（可請家長一起觀賞） 2. 角色分享 　(1)討論對其他小朋友扮演的感想 　(2)角色交換 挑選扮演心目中心儀的其他角色
・關聯延伸活動 ・西班牙與台灣： 　認識西班牙後，了解西班牙曾經在台灣留下足跡跟祖先有一段淵源	西班牙在台灣 1. 了解西班牙曾經佔領台灣的故事 2. 介紹在台灣西班牙人遺留的古蹟 　(1)淡水紅毛城 　(2)三貂角燈塔 3. 追尋西班牙 　淡水紅毛城或三貂角戶外之旅

 你不可不知

西班牙國技──「鬥牛與鬥牛士」死亡藝術的讚頌

西班牙鬥牛源於公牛獻神祭典，十八世紀後馬德里開始有職業性質的鬥牛表演。

鬥牛士與公牛之間的攻擊與防守，是鬥牛的藝術境界，最後以殺死牛為結尾，親臨現場才能體會展現死亡與技巧的極致表現。

每逢週日在各大城和地中海的度假聖地也都會舉辦鬥牛賽，表演約為期四至五天，或高達二十天以上。

西班牙之舞——佛朗明哥

　　淒厲明快的吉他聲，悲切激動歌曲、急促打擊的響板，明快節奏的踱步，與樂曲融和，代代傳承，是一種痛快的視、聽覺饗宴。

西班牙傳奇音樂——吉他

　　吉他音樂對西班牙文化幾世紀來的影響不曾中斷，並成為世界吉他音樂的代表，加上相繼出現許多名家大師得以發揚光大，地位提升為精緻的音樂藝術，「西班牙」順理成章的成了吉他音樂的代名詞。

西班牙的藝術——多位世界首屈一指的藝術天才

- 建築詩人高第——受中世紀建築思潮影響，認同手工藝在建築佔有重要地位，透過敏銳觀察，體認大自然的偉大，藉由人們親手製作再現。
- 舉世聞名的畫家米羅——印象派、野獸派、立體派交相激盪下，加上自己的創意，成為超現實主義的代表。以幻想、非理性及童趣為創作主軸，晚年改用大型雕塑表達藝術主張，與畢卡索是終身相互影響的好友。
- 超現實主義大將達利——從古典出發卻顛覆古典創作，領導超現實主義，毫無保留揭露自我，將性、幻想及恐懼全盤攤在畫布上，偏執、神經質，吸引全球無數崇拜者
- 當代藝術的總啟蒙畢卡索——直到死前都站在藝術潮流最前端，本世紀最偉大的畫家，畫風貫穿現代藝術各流派，作品

風格也因為他人生的經歷有所不同。分解、原始的創作手法，為立體派的始祖。

西班牙在台灣

(1)淵源

航路大發現後，歐洲海國列強為爭新殖民地逐鹿亞洲，西班牙一六二五年由基隆登陸，在今和平島建「聖薩爾瓦多」城，後入侵淡水建「聖多明哥」城，勢力擴及新竹、宜蘭，一六四二年荷蘭人乘西班牙在菲律賓戰亂難於分身，出兵基隆，結束西班牙在台的統治。

(2)遺留足跡

三貂角燈塔、淡水紅毛城……等。

 參考資料

書籍

黃健敏等（民87）　**西班牙＝spain**。城邦文化。

台灣麥克編輯（民86）　**西班牙**。台灣麥克。

格林文化編輯（民86）　**卡門凡佐兒**。台灣麥克。

網站

▶**台灣國旗網**　http://www.flags.idv.tw

介紹世界各國國旗、國徽、國花及有關國旗、國徽、國花的

相關歷史淵源及資訊。

▶**kingnet 旅遊局**　http://travel.kingnet.com.tw/

　　介紹世界各地著名觀光勝地及相關旅遊簡介

▶**鄉土資訊網淡水站**　http://www. taiwanculture. org. tw/001d2b.htm

　　介紹淡水發展的淵源

讀繪本，遊世界：著名繪本教學與遊戲

124

設計舞台布幕——甩畫、隨意畫。

小小建築師——搭建舞台。

太陽：「你們不用怕，一定可以找到爸爸的靈魂。」

村姑們跳舞慶祝爸爸及漁夫們的靈魂被救回來了。

西班牙

讀繪本，遊世界：著名繪本教學與遊戲

126

爸爸的靈魂被捲到海底的深處。

「什麼？要我看守他們的靈魂？安啦——沒問題。」

多彩多姿的

鬱金香和風車

世界童書在台灣──荷蘭篇

【教案設計】

王迎春──台北市立師範學院幼兒教育學
　　　　系畢業
　　　　台北市私立晶晶幼稚園教師

王迎珠──文化大學畢業
　　　　實踐大學兒福主管班
　　　　台北市私立華泰托兒所

王素琴──台北市立師範學院幼兒教育學
　　　　系畢業
　　　　台北市私立惠光幼稚園園長

讀繪本，遊世界：著名繪本教學與遊戲

128

　　荷蘭地狹人稠,人口一千五百五十萬。現今已是一個現代化與商業化的國家。境內因平坦無山,因此鐵路網四通八達,交通便利。繪畫及手工藝是荷蘭的文化特色,十七世紀的林布蘭,十九世紀的梵谷,都是荷蘭最偉大的繪畫家。現在就讓我們慢慢的帶您進入這個美麗的鬱金香國家。

基本資料

阿姆斯特丹

國旗	國旗最初是橙藍白三色，因橙色在海上不易區別，而改為紅色，紅色代表國民勇氣，白色代表神永遠的祝福及庇祐的心願，藍色代表對祖國忠心不二。
國徽	
國花	鬱金香
主要語言	荷蘭語為主、英、德語可通
首都	阿姆斯特丹
錢幣	歐元

觀光風景名勝

阿姆斯特丹（Amsterdam）

　　阿姆斯特丹是荷蘭首都，因有大大小小的水道縱橫交錯其間，故有「北方威尼斯」之稱。

馬德羅丹小人國（Madurodam）

　　馬德羅丹小人國所有複製品皆按實體之比例模仿而建，與台灣小人國不相上下。

庫肯霍夫花園（Keukenhof）

　　庫肯霍夫花園是全球最大的球莖類花園，有鬱金香、水仙花、風信子……等花。

 童謠

　　下列耳熟能詳之童謠，原曲出自荷蘭，歌詞部分由國人自行填詞而成。

小老鼠

　　小老鼠肚子響，看見蛋糕在桌上，

小老鼠急忙忙，溜出了洞口進廚房。

小老鼠進廚房，看見貓咪在桌上，

小老鼠心慌慌，夾起了尾巴跑去藏。

 著名童書作繪者簡介

李歐‧李奧尼（Leo Lionni）

　　李歐‧李奧尼，一九一〇年出生於阿姆斯特丹，是大師級的兒童文學家，其言淺意深的寓言（fable）是最慣用的創作語言，他認為：人的視覺影像是非常重要的，所以他常說：「兒童在圖畫書中會經驗到的是一連串已結構成形的幻想，但這些幻想卻會激發孩子內心深處的感覺與想像。透過這些經驗，孩子嘗試將個人的視覺經驗與語文經驗產生對話，並形成連結。」

　　李歐‧李奧尼的作品多以小老鼠、小青蛙、小魚、小鳥等小動物來反映人世間的大道理，他的繪畫和設計獨樹一格，在其圖畫書中亦可看到拼貼壓花藝術。

【表 7-1】李歐・李奧尼在台灣出版作品一覽表

書　名	出版年份	出版社
魚就是魚	1977	書評書目
老鼠阿修的夢	1991	上誼文化
小藍和小黃	1991	台英
阿力和發條老鼠	1991	上誼文化
田鼠阿佛	1993	上誼文化
這是我的	1993	上誼文化
小黑魚	1993	上誼文化
一個奇特的蛋	1995	台英
我的秘密朋友阿德	1997	遠流出版
自己的顏色	1997	遠流出版
魚就是魚	2002	上誼文化
鱷魚柯尼列斯	2002	上誼文化

漢斯・比爾（Hansde Beer）

　　漢斯・比爾是荷蘭的著名童書作繪者，曾得過的獎項如下：

(1)波隆那國際書展最佳選書

(2)布拉迪斯雙年展（BIB）金徽獎

(3)荷蘭每月羽毛獎

(4)荷蘭溫布旗大獎

(5)法國巴達博克獎

(6)法國八角美術獎

(7)法國八角榮譽獎

(8)德國瑟堡城市獎

(9)日本貓頭鷹獎

(10)法國兒童誠實選書獎

　　漢斯・比爾一九五七年生於阿姆斯特丹，「小北極熊和他的

朋友們」系列是其代表作，他的每一本作品都深受孩子們的喜愛，故在短短數年他的作品發行了二十五國，全球銷售量超過五百萬冊。

漢斯·比爾說：「孩子們擁有無限的想像力，所以我喜歡讓他們自由發揮，融入故事中角色的性格。這就是我為什麼不在圖畫中過分表現動作的原因。寬廣的天空和無邊際的空間、正是我留給孩子們想像的樂園。」漢斯·比爾筆下所創造的動物造型渾圓、可愛且動作簡單，作品中再加上淡淡粉粉的水彩，故使得許多豐富的情緒都活躍在其圖畫書上。

【表 7-2】漢斯·比爾在台灣出版作品一覽表

書　名	出版年份	出版社	得獎記錄
小象歐利找弟弟	1994	格林文化	波隆那國際兒童書展最佳選書、布拉迪斯雙年展大獎、荷蘭每月羽毛獎
阿倫王子歷險記	1994	麥田	布拉迪斯雙年展金蘋果獎、荷蘭溫布旗大獎
小北極熊	1995	上誼文化	
小北極熊城市歷險記	1995	上誼文化	
小北極熊找朋友	1995	上誼文化	
小波的新玩具	1998	台灣麥克	
我是你的好朋友	1999	格林文化	
想看海的小老虎	1999	格林文化	
別怕，我在你身邊	1999	格林文化	
我的名字叫國王	2000	格林文化	
陪你一起飛	2001	格林文化	

主題網

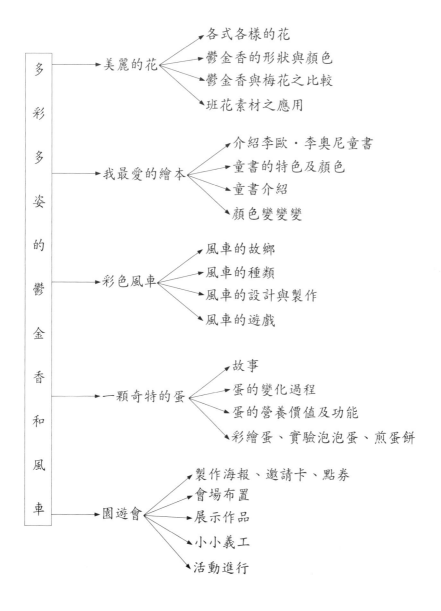

多彩多姿的鬱金香和風車

- 美麗的花
  - 各式各樣的花
  - 鬱金香的形狀與顏色
  - 鬱金香與梅花之比較
  - 班花素材之應用

- 我最愛的繪本
  - 介紹李歐‧李奧尼童書
  - 童書的特色及顏色
  - 童書介紹
  - 顏色變變變

- 彩色風車
  - 風車的故鄉
  - 風車的種類
  - 風車的設計與製作
  - 風車的遊戲

- 一顆奇特的蛋
  - 故事
  - 蛋的變化過程
  - 蛋的營養價值及功能
  - 彩繪蛋、實驗泡泡蛋、煎蛋餅

- 園遊會
  - 製作海報、邀請卡、點券
  - 會場布置
  - 展示作品
  - 小小義工
  - 活動進行

荷蘭

 # 行動教學與遊戲

讀繪本，遊世界：著名繪本教學與遊戲 136

單元名稱：多彩多姿的鬱金香和風車		年齡：三至六歲	時間：二週	設計者：王素琴 王迎珠 王迎春
單元目標	一、認識荷蘭人的生活習俗與其國家之特色。 二、增進幼兒操作的能力。 三、培養幼兒審美的情操。		活動綱要	活動一：製作班花 活動二：我最愛的繪本 活動三：彩色風車 活動四：一個奇特的蛋 活動五：園遊會

項目	活動目標	活動內容與過程	教學資源	評量
活動一：製作班花	一、認識我國及荷蘭的國花 二、能說出壓花、摺花、畫花的不同	一、準備活動 二、引起動機 　　展示我國和荷蘭國花及各種花卉的圖片 三、發展活動 ㈠團體討論： 　1.介紹我國及荷蘭的國花 　2.討論兩國國花之異同 　3.發表自己最喜歡的花 　4.說說看以哪一種花為班花 ㈡分組活動： 　1.壓花 　2.摺紙花 　3.畫花 ㈢作品分享 ㈣票選班花 ㈤班花的製作	・梅花、鬱金香及各種花卉、花卉圖片、色紙、剪刀 ・乾燥花、護貝膠膜、各種繪畫材質和工具	・觀察幼兒發表時會說出我國及荷蘭國花的名稱 ・透過問答，多數幼兒會說出壓花、摺花、畫花的不同處 ・透過觀察，大部分幼兒會表達自己的意見

（下頁續）

| 活動二：我最愛的繪本 | 二、能高興的參與活動
一、能說出自己喜歡的顏色及繪本 | 一、準備活動
二、引起動機
　　介紹作者及其繪本（自己的顏色、小藍和小黃……等）
三、發展活動
　（一）團體討論
　　1.討論繪本的特色
　　2.說一說自己最喜歡什麼顏色？
　　3.自己最喜歡看的是哪一本繪本
　（二）分組活動
　　1.美勞：
　　　(1)渲染畫
　　　(2)繪本製作
　　2.科學實驗──顏色變變變
　（三）作品經驗分享
　（四）收拾整理 | ・李歐・李奧尼繪本
・漢斯比爾童書

・各種顏料
・染料布
・渲紙
・玻璃紙
・廣告顏料
・水彩筆
・調色盤 | ・觀察幼兒發表時會說出自己喜歡的顏色
・透過問答，全部幼兒會說出兩本以上自己最喜愛的繪本
・透過觀察，大部分幼兒會主動高興的參與活動 |
| 活動三：彩色風車 | 二、能操作風車
一、能說出風車故鄉名稱及種類 | 一、準備活動
二、引起動機
　　老師拿著風車把玩
三、發展活動
　（一）介紹風車的故鄉──荷蘭
　（二）討論風車的種類
　（三）風車的設計與製作
四、團體活動
　（一）展示自製之風車
　（二）請幼兒至戶外玩風車遊戲
　（三）分享玩風車的經驗 | ・彩色風車
・荷蘭地圖

・雙色西卡紙
・剪刀
・膠帶
・細鐵絲
・橡皮擦或黃豆 | ・透過問答，全部幼兒會說出風車故鄉的名字
・觀察幼兒發表時會說出風車的種類透過觀察， |

（下頁續）

讀繪本，遊世界：著名繪本教學與遊戲　138

活動名稱	目標	活動內容	教學資源	評量
				大部分幼兒會操作風車
活動四：一個奇特的蛋	二、高興參與活動 一、能安靜聆聽故事、達自己的想法	一、準備活動 二、引起動機 　老師說故事：一顆奇特的蛋 三、發展活動 （一）團體討論 　1.討論除了故事中的鱷魚蛋以外還有什麼蛋？（雞蛋、鳥蛋、鴨蛋、鴕鳥蛋……等） 　2.蛋的營養價值有哪些？ 　3.蛋殼除了保護蛋以外，還有哪些功用？ （二）分組活動 　1.美勞：彩繪蛋 　2.科學實驗：泡泡蛋 　3.烹飪：蛋餅 （三）經驗與作品分享 （四）收拾整理	·繪本 ·各種蛋 ·蛋殼、圖畫紙、蛋、醋、小型瓦斯爐、油、蛋餅皮	·全部幼兒會安靜聆聽故事 ·透過觀察，幼兒會表達自己的想法 ·透過觀察，多數幼兒會高興參與活動
綜合活動：園遊會	二、能收拾整理 一、能與他人合作	一、製作邀請卡、海報、點券 二、布置會場 三、將活動中的各種作品展示於會場攤位上 四、幼生自己分配工作 五、園遊會活動進行 六、收拾整理	·海報紙、再生紙、各種色筆、汽球、桌椅、各種道具、攤位上用品	·透過觀察，多數幼兒會高興與他人合作 ·大部分幼兒會自動收拾整理乾淨

你不能不知

梵谷（Gogh, Vincent Van）

　　文生・梵谷（1853-1890），荷蘭最偉大的畫家，是現代藝術最重要的先驅。一八八六年，梵谷跟隨弟弟到了巴黎，其強烈的個人風格是受到高更、塞尚、秀拉及羅特列克等人的影響。而「麥田飛鴉」是梵谷最後的作品

木靴

　　木靴就是木屐，是荷蘭的特產，其將柳木或白楊木挖空所製成的，大小尺吋齊全；最小巧的木靴，不僅小孩可以穿，也可以拿來當花器使用。

風車

　　十三世紀時原做為磨粉的動力工具，到了十五世紀則用在預防水災、排水及填海工程。現由於蒸氣的發明，全荷蘭的風車剩約九百座左右。

參考資料

書籍

漢斯・比爾（民 84）　小北極熊找朋友。台北：上誼。

李歐・李奧尼（民 84）　自己的顏色。台北：遠流。

李歐・李奧尼（民 84）　一個奇特的蛋。台北：台英。

李歐・李奧尼（民 80）　小藍和小黃。台北：台英。

許夢紅（民 89）　水的科學遊戲。台北：牛頓。

許夢紅（民 89）　空氣的科學遊戲。台北：牛頓。

網站

▶台灣國旗網　http://www.flags.idv.tw

　　提供全世界國家和屬地簡介、各國國旗國歌國徽國花地圖。

▶HollandEurope　http://www.wcn.com.tw/europe/holland/

　　荷蘭基本介紹、旅遊需知及指南。

▶荷蘭觀光局　http://www.holland.idv.tw/

　　提供荷蘭觀光旅遊資訊。

▶來和圖畫書大師喜相逢──李歐・李奧尼　http://www.contest.
edu.tw/86/4/kidsky/book05.htm

　　李歐・李奧尼簡介。

▶兒童文化圖書館　http://www.cca.gov.tw/cgi-bin/children/db/index.pl

　　提供兒童讀物或繪本及相關資料。

荷蘭國花—鬱金香

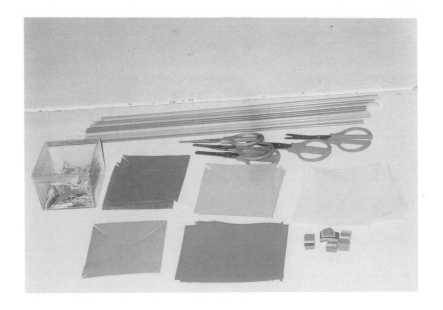

製作風車的素材

風車製作過程

看看我做的風車

我做的風車會動呢！

布拉格的春天

└─ 世界童書在台灣──捷克篇 ─┐

【教案設計】

羅玉卿──台北市立師範學院畢業
　　　　私立幼稚園教師

前言

　　捷克，一個在人們心中永遠難以遺忘的名字，經歷多年來的乖舛命運，時空背景下造就美麗文化與亙古的藝術，雖然工業發達卻未曾遺忘它曾有的光榮風采與傳統民俗，在脫離過往後更快速的發展，蛻變成現代化的全新姿態，正向人們招手致意，歡迎探訪夢幻國度。

基本資料

布拉格

國旗	藍色代表斯洛伐克，白色代表摩拉維亞的民族色彩，紅色構成波西米亞人，三角形表示境內的喀爾巴阡山美麗的山林。
國徽	
國花	椴樹（Tilia tomentosa）
主要語言	捷克語
首都	布拉格
貨幣	克朗

觀光名勝古蹟

聖維特大教堂（St Vitus's Cathedral）

　　有高聳入雲的哥德式尖塔，且為布拉格最明顯的地標。是歷代皇帝舉行加冕典禮的場所，有「建築之寶」的美譽，其尖塔為文藝復興式的大鐘，鐘樓俯瞰布拉格最美的地方。這裡收藏有查理四世的王冠、金球和權杖。十五世紀末，加蓋哥德晚期風格的建築。十八世紀巴洛克風格的加入，即構成今日的城堡外貌。

天文鐘

　　舊市政廳（Staromestská Radnice）的廣場上有一座高塔，在其一扇雕飾華麗的窗子上刻有「布拉格王國之首」的銘文。塔上的天文鐘造於一四一○年，翻修過幾次，不過哥德式的細部卻是十五與十六世紀的傑作。這座鐘包含三個部分，中央是實際的鐘體，顯示出太陽與月亮經過黃道的運行；下部是萬年曆，有十二星座圖與描繪一年之中每月農村生活的圖畫；上部是準點的報時，基督與十二位門徒出現在兩扇小窗中，演奏音樂，由憂鬱的收割者負責敲鐘。

　　下半部為特殊的月曆鐘，最外面以波希米亞人一年四季的工作生活情景，代表十二個月份，第二層以圖案顯示十二個星座，最裡面是布拉格舊城紋徽。此鐘除了顯示時間外，更準確的模擬出地球、太陽和月亮間的軌道，大圓圈顯示一天二十四小時的時

間，藍色為白晝，紅色為夜晚，較小圓圈顯示該時間太陽落在哪一個星座。最吸引人之處是耶穌十二門徒在內的活動木偶。整點時，上方窗戶開啟，一旁死神開始鳴鐘，耶穌門徒現身，最後以雞啼和鐘響結束。

查理大橋（Karluv Most）

是東歐最古老的石橋，其歷史可追溯至十二世紀，於西元一四〇六年完成。中世紀時，查理大橋是維爾塔瓦河上唯一的橋梁，不只是兩岸經濟和交通命脈，也是公眾裁判的場所。五百二十公尺長，九公尺寬的橋目前只允許行人通行，橋上有著名的浮雕故事及聖人雕像，雖聖人雕像是複製品仍值得一看。雕像兩邊各有十五個，大多是波希米亞的守護聖者，或是宗教聖徒和聖母。

溫泉

卡羅維發利（Karlovy Vary）和其西南的瑪麗亞安斯基（Mari-ánske Lázne），前者是溫泉後者是冷泉而馳名的都市，卡羅維發利建造於一塊地殼上，地殼下面是由蘇打碳酸鹽、蘇打硫酸鹽，以及氯化鈉泉水所聚集而成的巨大水池，有破洞地殼的地底下溫泉就會噴出。除泡溫泉外，也可以用特殊杯子喝一、兩口，達到內外皆美的效果。

 童謠

下列耳熟能詳之童謠，原曲出自捷克，歌詞部分由國人自行

填詞而成。

小蜜蜂

小蜜蜂，嗡嗡嗡
飛到西，飛到東
一時一刻不放鬆
忙什麼？釀蜜好過冬

 ## 繪者介紹

彼德·席斯（Peter Sis）

　　彼德·席斯是一位國際知名廣受讚譽的知名插畫家、作家、電影工作者。一九四九年出生於捷克的布諾，父母親均從事藝術工作，從小即耳濡目染於藝術家庭中，成長於被共黨統治的大環境中，就像所有藝術家一樣，好奇、敏感，以他獨特的方式感受人間的事物。成年後先後就讀於布拉格的應用藝術學院，及英國倫敦的皇家藝術學院。初入社會工作時，他選擇進入電影業，並曾在一九八〇年柏林影展中，以一部動畫短片贏得「銀熊獎」。之後陸續得到「多倫多大獎」、「電影金鷹獎」，一九八三年並與美國知名民歌手巴比狄倫合作「You Got Serve Somebody」。他的影像作品並成為紐約現代藝術博物館的永久收藏品。

　　在他成名於電影之後，一九八二年，捷克政府指派他到美國洛杉磯製作一九八四年冬季奧運特別節目，沒想到這個計畫因捷

克與其他東歐共黨國家共同抵制奧運而取消。捷克政府下令要他立刻回國，他卻決定要留在美國，並取得政治庇護成功。後來透過插畫大師莫里斯·桑達克（Maurice Sendak，第一位得到安徒生大獎的美國插畫家）的推薦，開始跨足到插畫領域，隨即於一九八四年遷往紐約，展開全新的事業生涯。他的作品除了以文字和圖畫的方式呈現，他的插畫作品並常見於耳熟能詳美國本土及全球知名的刊物中，如 *Time*、*Newsweek*、*Esquire*，和 *The Atlantic Monthly* 等，僅僅是《紐約時報書評》中，他就發表過數千幅作品。而且他的畫作非常多元化，跨足於書籍封面、海報，也替美國華盛頓特區的巴爾的摩機場繪製了一幅壁畫、紐約市地鐵的海報，還有芭蕾舞團的舞台設計。充分將他的藝術應用在各種媒介上，發揮他的繪畫天分，如坐椅、蛋殼、貝殼，甚至於帽子等。他的畫作曾於布拉格、倫敦、蘇黎世、漢堡、洛杉磯及紐約等國際性都會盛大展出。

在其畫作中會發現絕妙精細筆觸的描繪線條及雕琢，加上層次分明的色彩，創意鮮明的特殊排字畫法配合著圖畫，到處充滿著驚人的欣喜，空間運用呈現出不同的視覺觀感。從其創作的繪本中可看出他對家鄉的印象與懷念，到美國後的新鮮生活，也在大融爐中體會不同的民俗人情。

彼德·席斯歷年得獎獎項包括：柏林影展金熊獎、多倫多影展大獎、電影金鷹獎、凱迪克大獎、紐伯瑞大獎、《紐約時報》年度最佳插畫獎《紐約時報書評》波士頓環球日報、號角雜誌榮譽獎、美國插畫家協會金牌獎、德國繪本大獎。

書　名	出版年份	出版社	得獎記錄
星星的使者伽利略	1998	格林文化	美國凱迪克大獎
天諭之地	1999	格林文化	美國凱迪克大獎
夢想的翅膀	1999	格林文化	
三支金鑰匙	2000	格林文化	
賣翅膀的男孩	2000	格林文化	義大利波隆那大獎
謎宮傳奇	2000	格林文化	
小女兒長大了	2000	格林文化	
未知島傳說	2002	雙月書屋	

杜桑・凱利（Dusăn Kállay）

　　杜桑・凱利出生於一九四八年六月，布拉迪斯市。一九六六年至一九七二年，於布拉迪斯藝術大學學習藝術，並從事版畫、水彩及插畫創作。杜桑・凱利擅長運用夢幻的色彩效果，征服空間與製造畫面人物的動感。作品中充滿幻想、神秘和超現實，呈現豐富的涵意，強烈的自我風格，筆觸精緻細膩。畫面的結構性強，繁複的物像一一重疊，給人不雜亂的生動視覺感受，卻有綿密豐盛的美感特色。且使用素描技法營造出近似版畫的效果，表現出超現實的意象。繪畫線條有厚實深具內涵要素，用心體會他的畫會發現，無論是對於生命或無生命，無論大或小的事物，他都仔細看待其中，喜愛探索未知事物、動物、人類、地方、日常生活中的新東西以及其當中的意涵激發他的創作靈感，他也會將自己融入畫作中，也常會在書中見到貓，那是他最喜愛的動物，所以他繪製的書中幾乎都有出現貓。並從打底開始層層堆出色彩的層次，呈現畫面上所有的事物都給人非常結實的質地感，並感

受其生命力。對於圖畫書的插畫作品，他熱中為傳統民間故事或詩畫插畫，希望藉此圖畫使孩子深刻體會古典文學的博大精髓。另外，從其作品中還可發現到，他擅用紅色，巧妙的調混藍色，變化出紫色、紅紫、藍紫，又調混其他色彩，其色調中會凸顯一個人物的內心角色，配色上明度、彩度相得益彰。非常容易的去營造故事場景。

杜桑‧凱利更像位不可思議的魔術師，如果如偵探般地用心探索他的畫，會發現他微妙地把一堆不相關的大小事物排列在一塊，卻一點兒也不凌亂，讓造型各不同的東西很奇妙組合在其畫中，呈現出熱鬧的場景。

一九九〇年起在布拉迪斯藝術大學教授插畫、油畫、版畫、郵票設計、海報與卡通等。曾榮獲獎項一九八八年國際安徒生插畫大獎（IBBY）、布拉迪斯國際插畫雙年展首獎、聯合國兒童救援基金會年度最佳插畫獎、奧地利青少年讀物獎、巴塞隆納國際插畫雙年展特別獎、海報曾獲得國際影展銀牌獎等。

獲頒 IBBY 大獎時，其聯合國教科文組織下一個非官方機構頒給他終身成就獎，在他獲獎的證書上寫著：「用一種嚴謹的，非凡的創意與強烈的風格將插畫藝術發揮到極致的境界」，其不拘於流俗時尚的畫風得到很多人的肯定，也給與相當高的評價。

書　　名	出版年份	出版社	得獎記錄
威尼斯商人	1995	格林文化	
仲夏夜之夢	1995	格林文化	
冬天王子，你要去找誰	1996	格林文化	布拉迪斯國際插畫雙年展大獎、國際安徒生繪本大獎
魔罐與魔球	1996	格林文化	
穿越世界的一條線	1996	格林文化	布拉迪斯國際插畫雙年展大獎
卡琳那的冒險	1996	格林文化	
拖弟與守財奴	1998	台灣麥克	
夢想的翅膀	1999	格林文化	

史蒂芬・查吾爾（Stepan Zavrel）

　　史蒂芬・查吾爾一九三二年十二月出生於布拉格，畢業於布拉格電影學院。在此學習期間他專修動畫影片，進而發現到插畫的動人之處。二十七歲時他遠赴羅馬現代藝術學院繪畫系就讀，之後在歐洲、澳洲、美國各地舉辦個人畫展。三十一歲時他轉移目標到設計和戲劇服裝造型上，同年，他也開始從事兒童插畫的工作。四十歲時，他和朋友成立了一個專門出版兒童圖書的出版公司，並擔任藝術總監的工作。目前居住於義大利北部的鄉間。

　　史蒂芬・查吾爾是一位很有童心和想像力，又擅長運用透明水彩的明亮與黑暗之對比效果。在書中感受到一種人文的關懷，引起人要關心周遭現有的事物。且常用幾何圖形，散發在書中的畫面中，表達出其生命力感動、溫馨，並充滿著幻境的美感。

他的作品曾榮獲歐洲文學最佳圖畫書獎、義大利波隆那國際兒童圖畫書展兒童票選最受歡迎圖畫書耶爾巴獎、波隆那插畫原畫展入選等獎項。

【表8-3】史蒂芬‧查吾爾在台灣出版作品一覽表

書　名	出版年份	出版社	得獎記錄
湯姆爺爺	1991	上誼文化	
花城	1991	上誼文化	波隆那兒童書展兒童票選最佳圖書
孩子們的橋	1993	台英	
海底威尼斯	1997	格林文化	歐洲文學最佳圖畫書獎

主題網

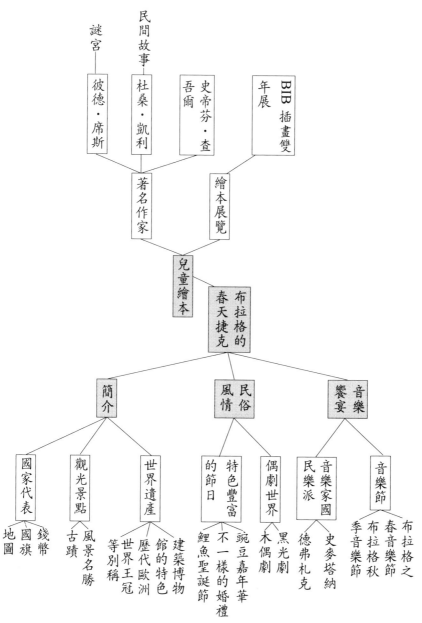

- 謎宮
  - 彼德‧席斯
- 民間故事
  - 杜桑‧凱利
  - 吾爾
  - 史帝芬‧查
- BIB 插畫雙
- 年展

彼德‧席斯 — 杜桑‧凱利 → 著名作家

史帝芬‧查 → 繪本展覽

著名作家 — 繪本展覽 → 兒童繪本

兒童繪本 — 布拉格的春天捷克

布拉格的春天捷克
- 簡介
  - 國家代表
    - 地圖
    - 國旗
    - 錢幣
  - 觀光景點
    - 古蹟
    - 風景名勝
  - 世界遺產
    - 等別稱
    - 世界王冠
    - 歷代歐洲
    - 館的特色
    - 建築博物
- 民俗風情
  - 的節日
    - 鯉魚聖誕節
    - 不一樣的婚禮
    - 豌豆嘉年華
  - 特色豐富
  - 偶劇世界
    - 木偶劇
    - 黑光劇
- 音樂饗宴
  - 民樂派
    - 德弗札克
    - 史麥塔納
  - 音樂家國
  - 音樂節
    - 季音樂節
    - 布拉格秋
    - 春音樂節
    - 布拉格之

行動教學與遊戲

教學目標	1.認識捷克所在的地理環境 2.認識捷克的圖畫書作繪者 3.了解捷克的風俗習慣 4.了解如何走謎宮及過關卡 5.能主動參與情境布置 6.養成工具用好即收拾的習慣	準備材料	準備教材地圖以及地球儀：捷克 圖片：捷克風景圖片（吹長笛、穿著傳統服飾、布拉格城市、查理大橋、聖維特大教堂、天文鐘……等圖片） 情境音樂：德弗札克《念故鄉》
活動名稱	活動內容		活動材料
一、前進捷克	(一)引起動機 　由捷克的地圖及地理位置，進而帶動孩子了解捷克這個國家及其風俗民情		‧捷克地圖、國旗、相關名勝古蹟的圖片
二、認識捷克的繪本作家及閱讀相關繪本	(一)介紹捷克的繪本作家：彼德‧席斯、杜桑‧凱利、史帝芬‧查吾爾 (二)閱讀其相關繪本		‧參考其作繪者的書單
三、大家來走迷宮	(一)閱讀《謎宮傳奇》引起孩子的興趣 (二)老師跟孩子一起共同討論，如何來設計迷宮，並畫出迷宮設計圖 (三)製作迷宮 　粗繩謎宮：大家討論如何利用粗繩子在教室圍成一個迷宮，並在其中進行活動 　紙捲謎宮：長條紙捲成筒狀，設計謎宮		‧彼德席斯《謎宮傳奇》 ‧紙、筆 ‧粗繩子、膠帶、紙、彩色筆、紙箱數個、膠帶

（下頁續）

	1. 紙箱迷宮的視野感覺及體驗紙箱 2. 利用不透水塑膠布放入紙箱迷宮中，加以固定 P.S 可將水注入迷宮中放入數條泥鰍，注意入口及出口的防水工程	・防水塑膠布（長度依迷宮長短而定）、膠帶、泥鰍數條
四、嚮往的城市情境布置	(一)藉由「歐洲最美麗的城市」布拉格，與孩子共同討論如何設計自己心中美麗的城市： 1. 垃圾變黃金—— 可以採用資源回收的方式設計心目中美麗的城市 2. 積木城—— 利用樂高玩具或其他積木角的玩具來製作美麗的城市	・風景圖片、史帝芬・查吾爾圖畫書《花城》、《海底威尼斯》 ・資源回收物 ・樂高、積木
五、神奇闖通關（闖關的設計流程與捷克人文風俗及特殊節日相結合，讓孩子在闖關中了解捷克的民俗風情）	(一)1. 分享《小女兒長大了》一書，討論班級中，屬於自己班上的通關密語爲何 2. 從書中票選出，在班上最受歡迎的兩個國家的通關密語（問候語） (二)由老師和孩子一起來討論，並設計出自己班級所需要的闖關卡，有幾個關卡的製作，和相關注意事項 (三)闖通關製作 1. 討論出入口的設計 (四) 1. 黑光劇利用大紙箱將裡面布置成黑色的，放置孩子的坐椅，打燈光的地方，孩子可以進入欣賞 2. 時鐘屋利用大紙箱做布置，並且	・彼德・席斯圖畫書《小女兒長大了》

（下頁續）

讀繪本，遊世界：著名繪本教學與遊戲　160

在其中放置好三個鬧鐘，及做出撥響時間牌，每個鬧鐘至少兩張可更換，每個鬧鐘響才算通關

（三）出入口的設計

1. 入口處做拱門，上面可以用紙做成的康乃馨或用剪貼康乃馨的方式

2. 出口處做拱門，上面必須固定很多的氣球，等孩子通關後，必須刺破一個氣球

延伸活動：

(1) 入口處：拱門形式，並製做康乃馨裝飾　　　　　　　　　　　·紙箱、皺紋紙、色紙、膠水

(2) 出口處：拱門形式，以氣球環繞，必須刺破一個氣球才算通關　　　　　　　　·紙箱、吹好的氣球、膠帶

3. 老師跟孩子討論出來的關卡和相關注意事項

(1) 黑光劇關卡——
討論黑色看不見怎麼辦？及如何製作黑色的關卡
利用大紙箱將裡面布置成黑色的，坐椅及打燈光設計，進入之後可以欣賞表演（由老師或家長做演出）　　　·黑的衣服、白色手套、燈光（手電筒亦可，其他顏色更好）、大紙箱

(2) 時鐘屋關卡——
a. 討論關卡中要放置幾個鬧鐘
b. 關主會給每個要闖關者，三張時鐘過關牌　　　·紙箱、水彩顏料、色紙、膠水、不同聲音的鬧鐘三個、指示牌

（下頁續）

（承上頁）

	c.闖關者必須依照指示牌上的時間，讓鬧鐘發出響聲才算過關 PS.可以準備不同樣聲音的鬧鐘 (三)通關流程 　1.在開始走迷宮前，身上必須攜帶一樣水果，進入迷宮後必須依照指示通過兩個關卡 　2.走出迷宮後必須刺破一個汽球，對小巫婆說出通關密語，並把水果交給巫婆交換幸運豌豆莢，出關後以豌豆莢交換一朵康乃馨，「恭喜你完成光榮英雄任務」	・每人一個水果、豌豆莢（亦可利用其他來代替）、康乃馨、小巫婆（老師或家長）
六、延伸活動	(一)大家一起舉辦水果宴會 (二)分享在通關過程中所發生的糗事及溫馨事項 (三)老師把所有的關卡畫在紙上，讓孩子畫出並敘述對這些關卡的感受 (四)活動結束後，讓孩子分享他們想說的故事	

人文風俗

布拉格的音樂饗宴

　　布拉格可說是東歐的藝術之都，人文薈萃，其中兩個最重要的藝文活動，分別是五至六月的「布拉格之春音樂節」（Prague

Spring International Music Festival）與九至十月的「布拉格秋季音樂節」（Prague Autumn International Music Festival）。

　　「布拉格之春」是布拉格每年一度的音樂盛事，以古典音樂演出為主，在國際古典樂壇上相當具知名度和重要性。吸引著全球各地愛樂者前來，是歐洲規模最大的音樂節慶之一。除捷克本地及世界知名音樂家及團體演出之外，還有歌劇、芭蕾舞等其他的表演。主辦單位以史麥塔那（Bedrcih Smetana）的交響詩「我的祖國」（Ma Vlast）作為揭開音樂節的序幕，結束時以貝多芬的第九號交響曲為閉幕曲，為歐洲的盛大音樂饗宴。

民俗傳統音樂木偶劇

　　始於十七世紀，所以它是歷史相當悠久的民俗傳統，通常以絲線拉住木偶演出，甚至製作與真人同樣大的木偶和演員一起演出，相當新鮮有趣。演出這種「音樂木偶劇」（Puppetry）時，音樂演奏和一般音樂會大同小異，氣氛比普通音樂會生動且活潑得多，也比較能擺脫語言隔閡，讓人眼睛為之一亮，看的更入迷。

幻象劇場黑光劇

　　是捷克傳統戲劇活動中最特殊、知名度也最高的。其燈光和色彩作特殊處理，特別營造出奇幻的效果，有人稱它為「幻象劇場」（Black Theater）舞台布幕是全黑的，演員也全身著黑衣或蒙上黑布，台前只以兩盞特殊燈光照射，演員看起來似乎是隱形的。演出時演員手塗上螢光的道具，或在身體某些部位塗上特殊色彩，舞台顯現出許多奇妙的影像，演員是默劇的演出，配合著嫻熟多變的肢體語言，是黑光劇表演靈魂所在，並且效果其佳，

相當引人注目。

 ## 你不能不知道

聞名的城市

世界遺產布拉格（Prague）是個歷史悠久，歐洲難得的美麗幽靜的城市，從中世紀至今數百年的輝煌建設使其成為一座歐洲歷代建築的博物館，並有「歐洲最美麗的城市」、「黃金城」、「世界的王冠」、「百塔城」、「都市女王」，該城市亦被聯合國評定為世界遺產，受到保護。

特色豐富的節日

- 鯉魚聖誕節：捷克是一個內陸國家，平時是不易吃到魚。只有在冬天，聖誕節的前夕，人們去買池中的鯉魚，珍貴的養在缸盆裡，直到平安夜的來臨，他們是以鯉魚來代替聖誕大餐中的火雞，小孩子也會把鯉魚的鱗片保存起來，據說這樣會帶來好運。

- 不一樣的婚禮：捷克的婚禮儀式很特別，在婚禮前必須用絲帶編製成一個花冠，婚禮時新娘綁在頭上，並放入小段蘋果樹枝，祈求婚姻甜蜜幸福。婚禮儀式進行時，新娘口中必須銜著一朵紅色康乃馨，儀式結束後送入新郎的口中，代表忠實堅貞的愛情；儀式結束，走出教堂，祝賀的人群以鹽、麵包灑向這對新人，希望他們早生貴子。在有

些村落的婦女會著素色衣服參加婚禮，表示新娘告別少女生涯。

• 幸運豌豆之嘉年華會：嘉年華會是捷克人的重要民俗節日。波希米亞地方，年輕人戴上吉普賽人、猶太人或屠夫面具，穿著巫婆裝，提著藤籃、全身插滿豌豆枝並和假扮成熊的指揮者一起遊行。一路上發出奇怪的聲響，做出好笑的動作；觀看婦女們以水果點心放入巫婆提的籃子，向他們換取代表幸運的豌豆枝或豌豆莖，祈求幸運。

多元人文發展

• 重視兒童文化的捷克：捷克是個相當重視兒童文化的國家；在國際兒童文化的發展上，捷克不但在兒童讀物的製作出版上有很高的成就，同時在兒童電影及動畫製作方面，也是站在領先的地位。尤其在布拉格工藝大學和布拉迪斯藝術大學的優秀教授群，用心積極培育相關的優秀人才，加上出版社和電影製片廠的優良發展與經營，使得在捷克的畫家及設計家，不斷的躋升國際舞台。

• 布拉迪斯國際插畫雙年展：捷克國際插畫雙年展的正式名稱是「布拉迪斯國際插畫雙年展」（Bienrale of Illustrations Bratislava）英文簡稱 BIB，是世界上最重要的五項插畫展之一，一九六五年在捷克布拉迪斯市舉辦首屆雙年展。這個專為兒童圖畫插畫家舉辦的國際性圖畫書原畫展。經過 BIB 插畫展之獲獎作品，都會巡迴歐美、日本各地做全球性的展出。

• 民族樂派二大音樂的柱石：德弗札克（Antonin Dyorak）及

波希米亞音樂之父史麥塔納（Sedrich Smetana），為民族樂派作曲家。德弗札克是位風格健康、熱愛民族的作曲家，他熱愛祖國，有著國民音樂家的稱號，「神、愛、祖國」是他的座右銘，他著迷於火車頭，能跟火車工程師結交朋友，是他最快樂的事。最著名的代表作品第九號交響曲「新世界」（From the New World），但其中的第二樂章「念故鄉」是大家耳熟能詳的！捷克音樂的奠基人史麥塔納，他所創作的歌劇和交響詩「我的祖國」（My Fatherland）其中以「莫爾島河」享譽全球，深受世人的歡迎，並成為捷克的音樂典範。

 ## 參考資料

書籍

蕭淑美主編（民 80）　**國家與人民，東歐**。台北：錦繡。

楊予君、邱惠芳編輯，陳秋伶譯（民 85）　**放眼新世界 8，東歐、北歐**。台北：錦繡。

黃仲正主編，朱孟勳譯（民 85）　**知性之旅，東歐**。台北：台英。

光復書局編輯部（民 75）　**世界百科全書** 3。台北：光復。

服部龍太郎著，張淑懿譯（民 70）　**一百位偉大音樂家**。台北：志文。

張玲玲（民 85）　**國際安徒生大獎精選，親子手冊**。台北：格林。

鄭明進（民88） 傑出圖畫書插畫家，歐美篇。台北：雄獅圖書。

李紫蓉、林芳萍、趙映雪編輯（民81） 上誼世界圖畫書金獎名家選，共賞扉頁間。台北：上誼。

郝廣才（民85） 杜桑·凱利。台北：格林台灣麥克。

網站

▶台灣國旗網　http://www.flags.idv.tw

　　世界各國的國旗、國徽、國花、錢幣、國家簡介等。

▶華文網網路書店　http://www.book4u.com.tw/book.asp

　　當下所出版的圖畫書動態，及作繪者和內容的簡介。

▶MOOK自遊自在旅遊網全球景點　http://www.travel.mook.com.tw/global/Europe/

　　介紹五大洲的國家，包含其重要民俗活動及其緣由、名勝古蹟。

▶全球景點　http://www.wingnet.com.tw

　　國家簡介但內容含括氣候、時差、語言、貨幣、電壓、信仰等。

▶WCN世界之旅　http://www.wcn.com.tw

　　國家的基本介紹、旅遊需知、指南、新聞、商店街等。

▶歐洲捷克網站　http://www.suntravel.com.tw/

　　國家基本資料及景點推薦、英文行政區域。

▶文建會兒童文化館　http://www.cca.gov.tw/children

　　每月都有新書動畫與你實際互動、遊戲，及國內各大童書出版社的相關連結。

▶安東尼亞・德弗札克　http://www.prtmusic.com.tw/activity/topic/
classic-famous/

　　介紹其生平事蹟及其重要音樂著作，並播放其音樂。

其他

　　世界童謠精選，幼福文化事業有限公司。

讀繪本，遊世界：著名繪本教學與遊戲

168

「走線謎宮」很好玩喔！你也來走走看，看誰先出關

「紙捲謎宮」嘿！看我設計的紙上謎宮，能不能考考你

「紙箱謎宮」歡迎你來嘗試，看我與真、假魚在水中樂

「時鐘屋」讓我先看看這三張指示牌，想想要先撥響哪一個鐘

快樂的旅遊

世界童書在台灣──奧地利篇

【教案設計】

曾美蓉──台北市立師範學院幼兒
　　　　教育學系畢業
　　　　幼稚園教師

奧利
地

讀繪本，遊世界：著名繪本教學與遊戲　172

前言

　　印象中的奧地利就如電影「真善美」，有如人間仙境，世外桃源般的寧靜與優雅，吸引幼師帶領幼生一起走進這個歐洲國度，閱讀童書，悠遊想像於快樂的故事中。

基本資料

國旗	由紅白旗形成的國旗，據說當年十字軍遠征時，當時的奧地利公爵雷歐波特三世所穿的白色軍服被敵人的鮮血染紅，只有腰帶以下尚殘留有白色，便演變成今日的國旗顏色。
國徽	
國花	薄雪草
主要語言	德語
首都	維也納
錢幣	先令或歐元

觀光風景名勝

從美泉宮到國立歌劇院，維也納童聲合唱團到西班牙騎術學校，到處是一片往日奧匈帝國的京城景象。宮殿邸宅和博物館，把輝煌的傳統和現代的生活節奏緊密聯繫在一起。

Schonbrunn 皇宮

曾是皇帝的夏宮，這座在十七世紀末期設計的豪華建築物收集各種有篷馬車的車營，不只陳列歷史文物，更是具有帝國氣氛的華麗建築。

奧地利美術館

館內最著名的收藏品是 Gustav Klimt 和 Egon Schiele 的畫。

Stephansdom 大教堂

位於市區高達一百三十七公尺的塔樓，可以在塔頂一覽美麗的市容。

摩天輪

這座高六十五公尺，是維也納的象徵性建築物。這座共有十五個吊籃的摩天輪，可盡覽維也納城區和市郊。

維也納藝術館

由維也納畫家 Friedenserich Hun-dertwasser 設計造型的維也納藝術館，其現代化的風格讓人輕鬆自在，是維也納的建築景觀代表。

環城大道（Ringstrasse）

環城大道環繞維也納老城區，全長約四公里、寬五十七公尺。這條壯麗寬闊的林蔭大道沿途散布著維也納最重要名勝古蹟，例如：皇宮、國家歌劇院、藝術史博物館和史特勞斯紀念像。

胡浮堡皇宮（今奧地利總統府）

藏寶室是皇宮裡最值得一看的地方，其收藏許多皇冠上的珠寶和皇帝使用的器物，而銀器室和西班牙馬術學校的表演（他們訓練白馬跳芭蕾舞），更是令人驚嘆！

博物館

維也納大約有一百個博物館和收藏館，其中雅緻的玻璃博物館最值得一看。

分離派會館（Secession）

具有鍍金葉叢狀圓屋頂的分離派會館，是維也納青春藝術風格建築，採用華麗的鍍金裝飾品襯印在白色建築體，非常的與眾不同。

郊遊地點

　　從維也納市郊就可以進入羅曼蒂克的維也納森林。森林中具有歷史色彩的兩個地方；Mayerling 狩獵行官和 Heiligenkreuz 修道院自古以來就是維也納人鍾愛的踏青地點。

　　Melk 和 Krems 之間的多瑙河谷，稱為 Wachau 是奧國著名的葡萄酒產區。斜坡上的葡萄園一直延伸到多瑙河畔風光如畫。如果能做一趟「多瑙河乘船之旅」，一定畢生難忘！

　　莫札特的出生地是舉辦夏日慶期的薩爾斯堡大教堂、昔日的要塞和莫札特故居，別忘了走一走。附帶一提，曾在維也納住過、工作過的莫札特，也在維也納去世。

　　矗立在 Schlossberg 山上的巨大鐘塔是 Graz 的象徵。Graz 是一個擁有地中海風味和恬靜的小巷的城市。除了奇特的鐘塔之外，還有許多令人流連忘返的美麗景色。

 **童謠**

　　下列耳熟能詳之童謠，原曲出自奧地利，歌詞部分由國人自行填詞而成。

DoReMi

　　Do 彩虹上翻跟斗
　　Re 像滴滴小眼淚
　　Mi 小貓咪叫媽咪

Fa 可愛的小白花

So 好朋友握握手

La 起手來轉個圈

Si 捉迷藏玩遊戲

唱歌跳舞快樂多

田鼠之歌（曾美蓉作）

迪迪馬克好兄弟

聰明才智耍技藝

成天一起變把戲

帽子飄來當容器

樹枝樹葉逗上去

一變變成滑翔翼

一飛飛到奧地利

奧地利啊奧地利

快樂逍遙又美麗

 著名童書作繪者簡介

爾恩‧莫沙（Erwin Moser）

西元一九五四年出生於奧地利維也納。在維也納東部的小鄉村長大。父母經營小葡萄園，過著快樂、自然的童年。十五歲的時候，到維也納當過學徒並且開始自學鋼筆畫。在 Beltz 與 Gelberg

公司曾編寫過許多兒童畫書，一九八〇年，出版了處女作《大沼澤的對岸》、《祖父的故事——床和飛行樹》、《穀倉後面的月亮》曾獲「德國青少年文學大獎」；《來自河中瓶的故事》入選為「奧地利兒童及青少文學」。

【表9-1】爾恩‧莫沙在台灣出版作品一覽表

書　名	出版年份	出版社	得獎記錄
馬克和迪迪的春天歷險（田鼠之歌）	1996	及幼文化	奧地利「兒童暨青少年文學獎」
馬克和迪迪的夏天歷險（田鼠之歌）	1996	及幼文化	奧地利「兒童暨青少年文學獎」
馬克和迪迪的秋天歷險（田鼠之歌）	1996	及幼文化	奧地利「兒童暨青少年文學獎」
馬克和迪迪的冬天歷險（田鼠之歌）	1996	及幼文化	奧地利「兒童暨青少年文學獎」
雪地裡的烏鴉	1999	三暉	日本貓頭鷹獎表揚

主題網

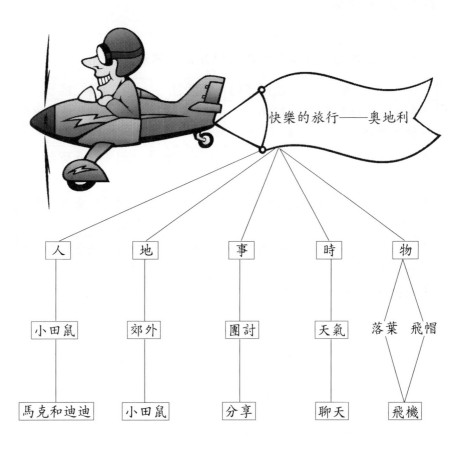

行動教學與遊戲(1)——活動名稱

準備材料 教室情境布置 展示各種與飛行有關的圖	《田鼠之歌》繪本：春、夏、秋、冬四集 奧地利景點圖片 各種飛行物圖片 美勞作品工具：紙、吸管、線、膠水、剪刀
活動名稱(一) 造飛機	1. 歌曲演唱：造飛機 2. 介紹繪本主角：小田鼠兄弟 3. 故事講述
活動名稱(二) 作風箏	1. 探討會飛的東西 2. 嘗試用不同素材做風箏 3. 試放風箏
活動名稱(三) 自製書	1. 介紹繪本作者 2. 以「快樂之旅」繪本聯合製作 3. 作品欣賞
活動名稱(四) 音樂會	1. 介紹奧地利籍音樂名人 2. 唸兒歌 3. 自編創兒歌
活動名稱(五) 玩遊戲	1. 創意造型製作 2. 自訂比賽規則 3. 飛行比賽

行動教學與遊戲(2)──教學流程

單元名稱：快樂之旅	對象：三至六歲	活動期間：二週	設計者：曾美蓉

單元目標	1.認識能夠飛行的生物、無生物 2.探索生物飛行的奧妙 3.研究無生物能夠飛行的原理 4.認真體驗和操作會飛的玩具 5.引發設計的興趣和能力	活動綱要	活動一：造飛機 活動二：作風箏 活動三：自製書 活動四：音樂會 綜合活動：玩遊戲

項目	目標	活動內容與目標	資　源	評　量
活動一：造飛機	認識能夠飛行的生物、無生物	一、準備活動 　準備學習資料 二、引起動機 三、展開活動 　(一)團體討論 　　1.有哪些東西會飛？ 　　2.它們是怎麼飛？ 　　3.如果我會飛我要飛到哪裡去？ 　　4.想像飛的感覺 　(二)美勞 　　1.試一試用紙摺飛機 　　2.試一試用盒子做飛機 　(三)唱歌 　　1.「造飛機」	・各種飛機型模型 ・各種素材 有關造機及繪本飛機美勞素材	・會大方的參與討論

左側直書：讀繪本，遊世界：著名繪本教學與遊戲　182　奧地利

（下頁續）

（承上頁）

活動二：做風箏	探索生物飛行的奧妙	一、分組活動 （一）用塑膠袋做風箏 （二）用紙做飛機 二、作品展現 （一）看一看哪一種材質做的飛得高？ （二）比一比哪一種成品飛得遠？	・美勞素材	・會利用不同的素材做出不同的作品
活動三：自製書	研究無生物能夠飛行的原理	一、介紹《田鼠之歌》繪本作者 二、分組活動 （一）動動腦想一想：怎麼做一本書？ （二）合作一本以「飛行」為主題的書 （三）作品欣賞 三、用自製故事書說故事		
活動四：音樂會	認真體驗和操作會飛的玩具	一、團體活動 （一）播放「真善美」電影主題曲 （二）依所唱的音階做肢體律動 （三）用肢體當作飛行體隨著韻律自行輕步快走，體會快不如飛的感覺 （四）在安全的高度跳躍 二、分享活動體驗	・主題曲錄音帶 ・體能跳箱	・會大方嘗試韻律肢體展現 ・會大膽嘗試高空跳躍

奧地利

快樂的旅遊　183

（下頁續）

（承上頁）

活動五：玩遊戲	引發設計的興趣和能力	一、分組造型活動： (一)利用素材（玻璃紙、塑膠袋、布或紙等）做翅膀 (二)裝扮活動：將裝飾的翅膀披或黏在肩上 (三)除了翅膀外也在頭、臉、手、腳任意裝飾成自己所喜好的飛行物 二、表演快樂之旅	・造型素材展現台	・能裝扮自己並輕快的表現

 你不能不知

民族樂器

奧地利有自己的民族樂器：齊特琴、民謠豎琴、阿爾卑斯山鐵琴等。

音樂之都

維也納是奧地利最重要的城市，歷史上許多重要的作曲家都曾在維也納住過，例如莫札特、貝多芬、舒伯特。十九世紀的維也納十分流行跳華爾滋舞，從上流社會到市井小民都愛跳，且成為很通俗的社交活動。

圓舞曲

　　史特勞斯家族是當時對圓舞曲（華爾滋）最有貢獻的，從父親老約翰史特勞斯到兒子小約翰史特勞斯，及弟弟約瑟夫史特勞斯都寫了很多的圓舞曲、波卡舞曲（速度比圓舞曲更快）。

　　最有名的圓舞曲有「藍色的多瑙河」、「維也納森林的故事」、「皇帝圓舞曲」、「春之聲」等。

 ## 參考資料

網站

▶小蕃薯搜尋引擎／孩子的天空／音樂叮叮咚　http://kids.yam.com/foot/footmusic/

　　為讀者分出音樂類別，如：給人們力量與元氣的進行曲、室內樂、奏鳴曲、聽起來不會累的音樂等。

▶http://residence.educities.edu.tw/ddk/new_page_3.htm

　　有關音樂大師──舒伯特、海頓、韋瓦第、柴可夫斯基的音樂與生平介紹，可聆賞音樂作品。

▶華文網網路書店　http://www.book4u.com.tw/goods_template.asp?goods_ser

　　此為「華文網路書店」網站，打關鍵字「奧地利」，可查閱許多有關奧地利的人文風情書籍。

讀繪本，遊世界：著名繪本教學與遊戲　186

好吃的巧克力

世界童書在台灣——瑞士篇

【教案設計】

王迎春——台北市立師範學院幼兒
　　　　　教育學系畢業
　　　　　台北市私立晶晶幼稚園教師
王迎珠——文化大學畢業
　　　　　實踐大學兒福主管班
　　　　　台北市立華泰托兒所
王素琴——台北市立師範學院幼兒
　　　　　教育學系畢業
　　　　　台北市私立惠光幼稚園園長

瑞士

讀繪本，遊世界：著名繪本教學與遊戲

188

前言

在資訊不發達的時代，想聽一則童話故事是非常困難的事情；只有從長輩們口裡得知一些長輩們小時候的往事或其他的野史，這就成了代代相傳的「故事」，「故事」就這樣一直流傳到現在，也是孩子們的最愛。

隨著時代的進步、資訊的發達、多元化的社會媒體傳播，現代的孩子們從不同的角度得到不同的訊息。然而童話書裡的故事及插圖仍舊是孩子們愛不釋手的，每日講述故事時，孩子們會隨著情節進入故事中，那種神情讓人看了真是羨慕。

藉著童書的介紹，師生的互動亦較以往更為頻繁；所以當我們介紹瑞士這個國家，在整個活動進行當中時，自身就像遨遊在瑞士般，每個孩子也都高興的參與巧克力的製作。

此次參與童書研究小組研究童書作者及其畫風和各國的風情收穫頗多，也希望能對幼教界的朋友們有點幫助。

基本資料

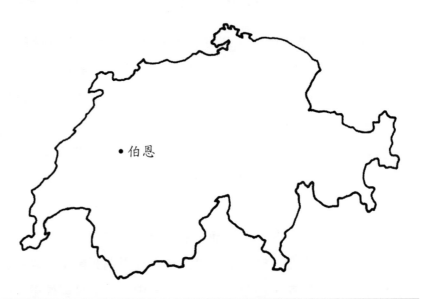

• 伯恩

國旗	十三世紀，修必茲州人為了反抗壓迫，使用紅底白十字旗為作戰的旗幟，今日的國旗形式是於一八八九年修改成的。
國徽	
主要語言	德語、法語、義語、羅曼語
首都	伯恩
錢幣	瑞士法郎

觀光風景名勝

伯　恩（Bern）

　　首都和議會所在地，歐洲保存最完整的古城之一，且有歐洲最長的購物長廊，並有整點時刻鐘塔的報時音樂表演。

蘇黎士（Zurich）

　　是瑞士最大的城市，擁有「銀行之都」的美譽，也是金融及商業中心；保有古意盎然的風格，其班霍夫大道是最具有吸引力之購物街。

少女峰

　　又稱為「處女峰」。歐洲最長的阿雷奇冰河，如銀帶般向南奔流。山腰的 Jungfraujoch 為歐洲最高火車站。

 ## 童書作繪者簡介

約克・米勒（Muller）

　　國際知名兒童繪本畫家約克・米勒一九四二年出生於瑞士，是一九九四年「國際安徒生大獎」得主。米勒主張「讓孩子在書

中自由的探索和發現，不要讓自己的想法，阻撓了孩子的自我判斷」。所以他的作品中經常關注的焦點是「環境問題」而且每一樣作品，都蘊藏著無限的想像空間，而不以單一的角度去詮釋。

【表 10-1】約克‧米勒在台灣出版作品一覽表

書　名	出版年份	出版社	得獎記錄
再見小兔子	1996	格林文化	
太陽石	1996	格林文化	
森林大熊	2000	格林文化	德國繪本大獎
發現小錫兵	2000	和英文化	義大利波隆納大獎
挖土機年年作響——鄉村變了	2000	和英文化	
書中之書	2002	和英文化	

主題網

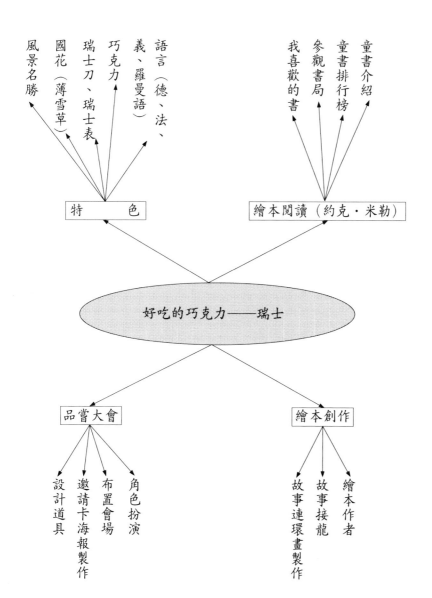

特色
- 語言（德、法、義、羅曼語）
- 巧克力
- 瑞士刀、瑞士表
- 國花（薄雪草）
- 風景名勝

繪本閱讀（約克・米勒）
- 童書介紹
- 童書排行榜
- 參觀書局
- 我喜歡的書

好吃的巧克力──瑞士

品嚐大會
- 設計道具
- 邀請卡海報製作
- 布置會場
- 角色扮演

繪本創作
- 繪本作者
- 故事接龍
- 故事連環畫製作

行動教學與遊戲

讀繪本，遊世界：著名繪本教學與遊戲 194

單元名稱：好吃的巧克力	年齡：三至六歲	時間：二週	設計者：王素琴 王迎珠、王迎春
單元目標 一、認識瑞士與童書 二、充實幼兒生活經驗 三、培養幼兒合作的精神 四、養成幼兒閱讀的習慣		活動綱要	活動一：我喜歡的童書 活動二：繪本創作 活動三：巧克力工廠 綜合活動：品嘗大會

項　目	活動目標	活動內容與目標	資　源	評　量
活動一：我喜歡的童書	二、能遵守參觀秩序 一、能說出兩本以上喜歡的童書	一、準備活動　準備教學相關資料 二、引起動機　討論自己喜歡的童書 三、發展活動 ㈠團體討論： 1. 童書與作繪者介紹（森林大熊、再見小兔子……等） 2. 童書排行榜 ㈡參觀： 1. 圖書館 2. 書局 ㈢分享與討論 1. 參觀的心得 2. 借書的方法 3. 如何閱讀	・童書 ・圖書館 ・書局	・會說出兩本以上喜歡的童書 ・會安靜、認真參觀 ・會熱烈參與活動

（下頁續）

活動名稱	目標	活動過程	材料	評量
活動二：繪本創作	一、能知道瑞士的特色 二、能說故事及製作故事書	一、準備活動 二、引起動機 (一)介紹瑞士的特色 　1.瑞士刀（行軍攜帶，多用途的刀子） 　2.巧克力 　3.手錶 　4.冰河列車 三、發展活動 (一)團體討論 　1.老師引導說故事 　(1)故事接龍——兔子遇見巧克力 　(2)老師做文字整理 (二)分組活動 　1.故事連環畫 　2.裝訂成冊 　3.作品欣賞	・地圖 ・圖卡 ・瑞士刀 ・巧克力 ・手錶 ・冰河列車圖片 ・故事書 ・圖畫紙 ・色紙 ・各種色筆	・會說出二種以上瑞士的特色 ・會高興的參與討論
活動三：巧克力工廠	一、能用黏土做成不同造型的巧克力	一、準備活動 二、發展活動 (一)分組 　1.製作巧克力 　(1)巧克力磚加熱 　(2)融化的巧克力倒入模型盒內 　(3)凝固後再倒上一層	・巧克力磚 ・電磁爐 ・鍋子 ・模型盒	・會熱烈參與活動

（下頁續）

活動名稱	目標	活動內容	材料	評量
	二、能用積木搭建工廠	(4)冷卻 2.黏土工：製作巧克力 3.積木角：搭建巧克力工廠 (二)製作經驗分享	・黏土 ・積木	・會用黏土做出不同造型的巧克力 ・會用積木搭建工廠
綜合活動：品嘗大會	二、能大方招待他人 一、能與他人合作布置會場	團體討論 一、製作表演道具 　(一)廚師帽 　(二)圍裙 二、製作邀請卡、海報 三、布置會場 四、分配幼生工作 五、樂隊列對歡迎 六、品嘗製作的巧克力 七、收拾整理	・海報紙 ・剪刀 ・各種色筆 ・汽球 ・桌、椅 ・各種道具 ・白膠 ・巧克力 ・樂器（大小鼓、鈴鼓、響板、三角鐵）	・會與他人合作布置會場 ・會大方招待客人 ・會收拾整理

故事——兔子遇見巧克力

自從兔子逃離了兔子工廠，幾天來都沒有吃東西，肚子餓得嘰哩咕嚕叫，到處找不到東西吃，跳啊跳，找啊找，一直跳到公園裡，突然，看到一個小男孩手裡正拿著巧克力，要往嘴裡送，兔子看了直流口水，小男孩看到了，問兔子說：「你想吃嗎？」坐在一旁的小女孩說：「兔子是吃胡蘿蔔的，不是吃巧克力的。」說時遲那時快，兔子一把把巧克力搶了過來，快速的吃到肚子裡，小男孩驚訝的說：「你喜歡吃巧克力嗎？」那我帶你去一家巧克力工廠，那裡有很多巧克力，你可以隨便吃，到了巧克力工廠，兔子看到一桶桶的巧克力，心想這一下我可以吃個過癮了，一跳跳進桶裡，吃得好高興！吃完後，甩甩頭擺擺尾一副很滿足的樣子，此時小男孩與小女孩拍手哈哈大笑說：「喂！你是誰？是小白兔嗎？」

你不能不知

瑞士刀

「瑞士刀」的原義是「瑞士軍官刀」，Elsener家族在一八九七年註冊，是一種把許多的小工具合組在一起，使用、攜帶均很方便又多用途的萬能小刀。

伯恩

伯恩（Bern）德文原義是「熊」的意思，是瑞士的首都，聯邦政府及議會所在地，被聯合國科教文組織（UNESCO）列為世界文化遺產。

「花」痴不要錯過

五月「天竹葵」市集時，許多愛花的人士會到城市裡來，十二月的「聖誕節」市集，會將伯恩裝扮成童話世界的仙境，十一月第四個星期一舉行「Zibelemarit」（或稱洋蔥市場），大家會一起共襄盛舉！瑞士人很喜歡花，尤愛火絨草（薄雪草）。送花也很講究，很注意枝數，十三和三這兩個數字要迴避（情人才送三枝鮮花）。

參考資料

書籍

約克・米勒（民 89）　**挖土機年年作響——鄉村變了**。台北：和英。

約克・米勒（民 85）　**再見小兔子**。台北：格林。

約克・米勒（民 89）　**森林大熊**。台北：格林。

Venezia（民 87）　**認識世界偉大藝術家——用顏料宣洩情感的梵谷**。台北：啟思。

洪伯溫（民 84）　**大半島洲遊——歐洲之旅**。台北：洪伯溫。

蔡秋雄（民 69）　**伴您遊覽西歐**。台北：台灣新生報。

網站

▶**台灣國旗網**　http://www.flags.idv.tw

　　提供全世界國家和屬地簡介、各國國旗、國歌、國徽、國花、地圖、郵票及奧會標誌。

▶**兒童文化館圖書館**　http://www.cca.gov.tw/cgi-bin/children/db/indexpl

　　國內繪本大獎、國外繪本大獎、出版社名、出版社簡介、繪本系列。

▶**瑞士旅遊下午茶**　http://www.sunshinetour.com.tw/traveltea/switz-erland/index.htm

　　提供景點介紹、地圖指南、住宿情報。

▶瑞士刀台灣網站　http://www.victorinox.com.tw/

　　提供瑞士刀的介紹，瑞士刀小軼事。

▶Yahoo! Government: National_Symbols_and_Songs　http://chinese.ya-

　　hoo.com/government/National_Symbols_and_Songs/

　　提供國徽，國旗與國歌。

▶世界各國鈔票　http://www.lidicity.com/banknotes/

　　提供各國的紙鈔圖片。

瑞士

好吃的巧克力

我在玩什麼？

看！我多棒，我會拼瑞士國家地圖

我在玩益智拼圖

可愛的無尾熊

世界童書在台灣——澳洲篇

【教案設計】

紀明美——台北市立師範學院幼教系畢業
　　　　　國小代理教師

澳洲

讀繪本，遊世界：著名繪本教學與遊戲

204

　　澳大利亞是一個擁有獨特自然景觀和美好生態環境的國家，因此特別注重環境保護。在氣候宜人的優先條件下，國人熱愛戶外活動。政府無差別待遇政策吸引許多不同背景的民族移民，形成多元文化的國家。

基本資料

澳洲

讀繪本，遊世界：著名繪本教學與遊戲

2
0
6

國旗	早期原是英商的船旗，後來在組成聯邦政府時使用，並於一九五四年受到公認。「米」字代表英國的殖民地，左下方七角大星表示澳大利亞的六個州和一領土，右邊則是代表南太平洋的南十字星象。
國徽	正中間的盾形紋章是於一九一二年國王喬治五世授與，象徵聯邦政府的六個州的勳章繪在盾牌上，盾牌的背後是代表國花的金合歡，左邊是動物象徵袋鼠，右邊是禽鳥象徵食火鳥。
國花	金合歡
主要語言	英語
首都	坎培拉
錢幣	澳幣

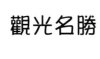

觀光名勝

雪梨歌劇院

貝殼狀的奇特建築，主要為表演藝術工作的中心。每年舉辦三千多場的活動，有五個設計不一的劇場和室外場地，一九七三年首場演出的是澳洲歌劇團——「戰爭與和平」。

艾爾斯岩

艾爾斯岩是一塊巨大的圓形紅色沙岩，每當日落艾爾斯岩便會色彩變化。在很短的時間內，顏色會從紅色變到橙色再變到淡紫色。

大堡礁

名列聯合國世界文化遺產的大堡礁由珊瑚礁構成，氣勢雄偉。島上生長著多種不同的熱帶雨林動植物，居世界之最，是提供休閒及研究工作的最佳環境。

飛利浦島自然國家公園

觀賞體重約一公斤，身高最高約三十三公分「神仙企鵝」，整齊排列著歸巢。另外，可觀看海豹及多種植物。

童謠

　　下列耳熟能詳之童謠，原曲出自澳洲，歌詞部分由國人自行填詞而成。

流浪歌

　　從前有個流浪漢，來到一條小河旁
　　苦力巴樹蔭下，露宿天蒼茫
　　他一面守望野火上，水罐沸滾一面唱
　　你背著行李包，和我流浪
　　流浪啊流浪，流浪啊流浪
　　你背著行李包，和我流浪
　　他一面守望野火上，水罐沸滾一面唱
　　你背著行李包，和我流浪

 著名童書作繪者簡介

羅伯‧英潘（Robert Ingpen）

　　羅伯‧英潘一九三六年生於澳洲譏隆（Geelong），是個家喻戶曉的插畫家也是個寫實派的作家、豐富的人文學者、環境設計家、演講家。羅伯是第一位贏得「國際安徒生繪本大獎」的澳洲人。三十二歲才開始自由創作，以歷史、科學為主題有不少顯著的作品（《生命之歌》、《我愛大自然》、《和平在人間》）呈

現對生命的尊重、和大自然的愛護。羅伯是一個喜歡在作品上求新求變的人，他那敏銳的觀察力、多角度的思考和對孩子的關懷。細膩的線條、溫馨的色系，讓讀者感受到格外的親切、自然的流露和對生命的敬意。其實這份堅厚的繪畫技巧應該歸功於他二十二歲時任職的一家科學研究機構，因為負責宣傳手冊中的插圖部分，奠定了深厚的素描技巧及流暢的筆觸。

羅伯的風格總以明亮的色彩強調主題，淡柔的背景來呈現立體畫面，讓人有如觀賞著相片般的自然。對人物的詮釋神情栩栩如生、淋漓盡致，在一九八六年的作品《小熊的季節》中羅伯更是運用獨特的想像力，把玩偶擬人化以凸顯小熊的可愛，及愛護動物的宗旨。一九九七年至一九九八年有《紐倫堡男孩》和介紹四大探險家為一系列的作品。羅伯的作品也在不斷的改變，早期的作品中強調著輪廓的線條，在後期則用淡化的方式，顯現得更加自然、生動了。

【表 11-1】羅伯英潘在台灣出版作品一覽表

書　名	出版年份	出版社	得獎記錄
紐倫堡男孩	1998	全高格林	
★庫克船長	1998	格林文化	
★馬可波羅	1998	格林文化	
★羅伯史考特	1998	格林文化	
★玄奘	1998	格林文化	
白象失竊記	1998	格林文化	
世界為誰存在	2000	和英	
童話夢想家──安徒生	2000	青林國際	
小熊的季節	2001	格林文化	國際安徒生繪本大獎
神奇馬戲團	2002	格林文化	國際安徒生繪本大獎
和平在人間	1999	格林文化	國際安徒生繪本大獎
我愛大自然	1996	格林文化	國際安徒生繪本大獎
生命之歌	1996	格林文化	國際安徒生大獎精選

★為「四大探險家」系列之書名。

澳洲

讀繪本，遊世界：著名繪本教學與遊戲　210

主題網

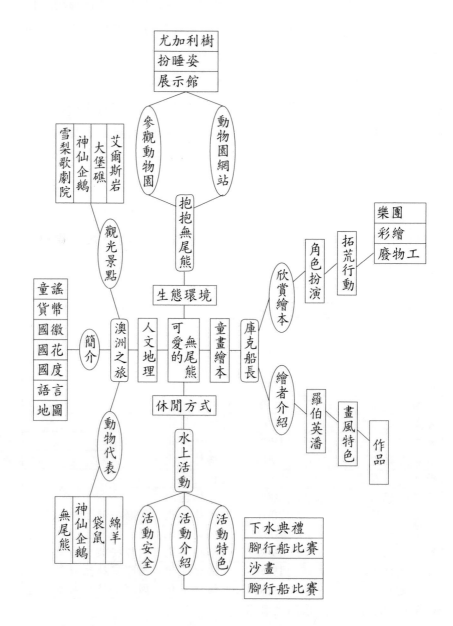

行動教學與遊戲

單元名稱	無尾熊的故鄉	適用年齡	五至六歲
單元目標	一、認識澳洲及特色 二、培養閱讀的習慣 三、增進不同的體驗擴展思考空間	活動綱要	活動一：澳洲之旅 活動二：抱抱無尾熊 活動三：庫克船長 活動四：水上活動

項目	活動目標	活動內容與過程	資源	項目
活動一、澳洲之旅	·會發表自己的旅遊經驗 ·會認識澳洲國旗	一、準備活動 　(一)師生共同蒐集相關資料 　(二)相關圖片擺設 二、發展活動 　(一)引起動機 　　1.觀看地球儀談起 　　2.扮演無尾熊回家引起 三、團體活動 　(一)老師介紹無尾熊的故鄉及介紹澳洲的人文地理特色 　(二)發表與討論 　　1.請小朋友發表澳洲代表性的動物 　　2.討論、認識澳洲國旗 　　3.童謠介紹：流浪歌	·地球儀、地圖、錢幣 ·觀光風景圖 ·國旗、國徽、國花圖片 ·神仙企鵝、綿羊、袋鼠圖片、影片 ·國旗	·能舉手表達自己的旅遊經驗 ·能在五種不同的國旗中指出澳洲國旗

（下頁續）

（承上頁）

讀繪本，遊世界：著名繪本教學與遊戲　212

		四、分組活動	・錄音帶（流浪歌）	
		㈠語文區：動物圖卡配對 利用一張動物圖配對一張國字	・圖卡、字卡	
		㈡體能區：「袋鼠跳」 利用麵粉袋給小朋友套入雙腳後學袋鼠跳步前進	・麵粉袋	
		㈢積木區： 仿建港灣大橋、歌劇院	・積木	
	・會完成作品	㈣工作區：縫工 備有無尾熊、企鵝、綿羊、袋鼠圖案的紙板，在輪廓打洞，請小朋友利用毛線在紙板上下穿洞，穿出圖型	・紙板、毛線	・能完成一件自己喜歡的動物作品
		五、統整分享 ㈠展示作品分享 ㈡欣賞流浪歌 ㈢收拾整理		
活動二：抱抱無尾熊	・會蒐集資料	一、準備活動 ㈠師生共同蒐集相關資料 ㈡情境布置： 故事書陳列、無尾熊布偶、無尾熊圖片張貼	・無尾熊圖片、布偶	・能收集資料

（下頁續）

		二、發展活動	·故事書《小熊的季節》	
		（一）引起動機		
		1.老師以無尾熊布偶引起小朋友的興趣		
		2.欣賞無尾熊影帶	·錄影帶	
		三、團體活動	·布偶	
		（一）參觀動物園		
·會參與討論內容、會創作		（二）發表與討論		·能表達自己的意思
		1.透過網站欣賞無尾熊的習性	·台北市立動物園網站：www. koala. taipei.gov. tw	
		2.請小朋友討論無尾熊最可愛的地方在那裡？		
		3.討論如何創作「無尾熊展示館」	·無尾熊網站 ·無尾熊影帶	
		四、分組活動		
		（一）體能區—愛睡覺的無尾熊	·室外單槓活動區（地上鋪上軟墊）	
		—利用低單槓讓小朋友模仿無尾熊吊在樹上休息的模樣		
·會依自己的想法創作		（二）美工區—自由創作		·能依自己的想法創作作品
		1.創作尤加利樹	·圖片	
		2.展示館海報創作	·畫紙、畫具	
		3.製作邀請卡		
		五、統整分享		
		（一）邀請別班小朋友欣賞「無尾熊展示館」		

可愛的無尾熊

澳洲

213

（下頁續）

（承上頁）

澳洲

讀繪本，遊世界：著名繪本教學與遊戲　214

		（二）介紹作品 （三）經驗統整 （四）收拾整理		
活動三、庫克船長	・會專注的欣賞繪本	一、準備活動 （一）師生共同蒐集相關資料 （二）情境布置：擺設繪本 二、發展活動 （一）引起動機： 　1.展示羅伯英潘繪本 　2.老師以故事提起 三、團體活動 （一）老師介紹繪本《庫克船長》的故事 （二）繪者、畫風介紹 （三）發表與討論 　1.請小朋友欣賞有關繪本 　2.請小朋友討論繪本內容 　3.討論拓荒行動的各項準備及工作分配	・繪本「四大探險家」系列 ・羅伯英潘的作品 ・羅伯英潘相片 ・相關繪本	・能專注的欣賞繪本內容
	・會組合不同的材料	四、分組活動 （一）拓荒行動：在校園裡的資源回收區找造船的材料 （二）廢物利用區：船（自由創作）	・紙箱、報紙 ・紙箱、包裝紙	・能把不同的材料組合創作

（下頁續）

（承上頁）

		利用大小不一的紙箱做出各種船隻，再用色紙、包裝紙美化後再給船隻命名		
		㈢彩繪區：「獨眼龍船長」利用安全性顏料在臉上作畫，比一比誰最像獨眼龍船長	・繪料　・餐具	
		㈣音樂區：「樂團」利用鍋盤瓢盆組合練習	・餐具、炊具	
	・會大方的參與扮演活動	㈤角色扮演：利用㈡、㈢、㈣的活動聯合扮演（可延伸活動四的下水典禮）		・能大方的參與扮演活動
		五、統整分享 ㈠作品分享 ㈡了解作繪者 ㈢收拾整理		
活動四、水上活動	・會認識水上活動的安	一、準備活動 ㈠師生共同蒐集相關資料 ㈡情境布置：展示各種休閒活動的圖片 二、發展活動 ㈠引起動機：欣賞水上及沙灘活動影片，師生從經	・圖片、影帶、游泳、滑水、沙雕、滑沙、風帆、潛水、划船	・能進行活動時注意安全

（下頁續）

讀繪本，遊世界：著名繪本教學與遊戲　216

全	驗分享中引起動機		
·會說出兩項水上活動名稱	三、團體活動 (一)欣賞三項休閒活動圖片 (二)老師介紹水上及沙灘活動 (三)發表與討論 　1.請小朋友發表自己最喜歡的休閒活動 　2.自由發表 　3.討論比賽活動的工作分組 四、分組活動 (一)遊戲區	·乘坐風帆、划船、沙雕……等圖片	·說出兩項水上活動名稱
·會主動的和他人遊戲	1.下水典禮 　　將小碎紙裝進氣球內，當船隻開動時則戳破氣球，使小碎紙撒出，讓活動顯得熱鬧滾滾。 　2.腳行船比賽 　　利用活動三的「船」作品，兩人一組進行看誰走得快。 (二)工作區：沙畫 　　利用白膠、沙作畫 (三)益智區：「船」 　　利用方塊拼圖拼出	·氣球、碎紙 ·白膠、沙、畫紙 ·方塊拼圖盒	·能主動的和他人遊戲

（下頁續）

		各式各樣的船型 五、統整分享 (一)作品分享：沙畫、 　　拼圖展 (二)透過活動經驗統整 (三)收拾整理		
	·會把活動中的趣事和別人分享			·能説出活動中的趣事

 你不能不知

袋　鼠

　　是草食性動物，尾長，不太愛喝水，是個組織性強的動物。單胎生。靠較發達的後肢站立，用跳躍式行進，只有覓食時才用四肢著地。活動時間在早晨、黃昏、夜間。成熟的母袋鼠都有個發達的育兒袋及四個乳頭，繁殖的孕期二十六天到三十七天不等。

無尾熊

　　夜行性動物，白天幾乎都在休息、睡覺（大約十八至二十小時），不愛動，利用靈敏的嗅覺識別愛吃的尤加利樹葉，每天進食四至六次，吃的時間從二十分鐘至二小時不等。分布在澳洲低海拔的新南威爾斯、昆士蘭、維多利亞等區，體型也略有不同。

參考資料

書籍

薛聰賢（民 88.1）　**台灣花卉實用圖鑑**。台灣：普綠。

王美玲（民 89）　**澳洲**。台北：墨刻。

時代生活叢編（民 75）　**國家文庫——澳大利亞**。紐約：時代。

Brown 等（民 89）　**澳大利亞簡介**。台北：商工辦事處。

網站

▶**澳洲旅遊局**　http://www.aussie.net.au/

　旅遊概覽、計畫、景點、各項活動、節目。

▶**澳大利亞商工辦事處**　http：//wwwsustralia.org.tw

　經濟、公民、公共文化事務、簽證、移民、教育諮詢、投
　資、旅遊資訊。

▶**台北市立圖書館**　http://www2.tpml.edu.tw/

　借閱紀錄、讀者意見、新書推薦、書目查詢、網路讀書會、
　分館連結。

▶**文建會兒童繪本館**　http://www.cca.gov.tw/

　選書、美術館、圖書館、互動區、活動報導。

▶**台北市立動物園‧無尾熊網站**　http://www.koala.taipei.gov.tw/

　無尾熊的家園、生活點滴、成長、身體檢查站。

▶**台灣國旗網**　http://members.tripod.com/evanflags/

　查詢國旗、國旗之美、旗史、各國百科。

家家大不同

世界童書在台灣——日本篇

【教案設計】

陸小瑩──台北市立師範學院幼兒
　　　　教育學系畢業
　　　　台北市福林國小附設幼
　　　　稚園教師
林淑彬──台北市立師範學院幼兒
　　　　教育學系畢業
　　　　桃園縣龜山鄉私立愛愛
　　　　幼稚園園長
林乃方──台北市立師範學院幼兒
　　　　教育學系畢業
　　　　台北縣金山國小附設幼
　　　　稚園主任

讀繪本，遊世界：著名繪本教學與遊戲　220

前言

　　日本自古與中國具有血緣的兄弟之邦，不論從歷史、建築、文化、生活習慣、語言、文字，都像母親與子女般有一條剪不斷的臍帶，台灣更有一段被日本統治五十年的歷史；加上近年來日本文化、商品、戲劇受到國人的接受，形成一股哈日風潮。綜觀世界各國，與我們最密切關係者非日本莫屬，一趟紙上日本之行，使大家對她有更深刻的認識。

基本資料

國旗	日本國旗又稱太陽旗，日本人自古就喜歡太陽，因此戰國時代武將的旗均繪上太陽。這面國旗原只限政府使用，直到一八七二年，由於民間希望在元旦當天能張掛國旗，於是在政府許可下才在民間廣泛使用。
國徽	日本國國徽是一枚皇家徽記，在日本天皇及皇室使用的器具上經常出現這個徽記。由十六瓣勻稱花瓣組成的金黃色菊花，質樸、典雅、莊重大方，蘊含著東方傳統文化精神。
國花	櫻花
主要語言	日語
首都	東京
錢幣	日幣

名勝景點

京都

一千多年來日本美術、文學、宗教等文化中心，境內多古寺、名勝，以清水寺、金閣寺、平安神宮……等為代表，三面環山風景優美。走在京都的古城，不論祇園技藝、和果子、和服老店……等，食、衣、住、行的任何角度，皆能深深體會古代日本之美。

箱根

一年四季始終遊客如織，箱根七大名湯是最吸引人之處，除名聞溫泉之外，不論任何時日皆值得前往，它長久以來的傳統及美麗景緻名遐中外，冬天可以看到富士山的雪景，秋日欣賞靜謐箱根滿山楓紅環繞，美食、溫泉、楓紅，十足為日本最享盛名的代表。

富士山

日本人心目中的聖山，如同日本國家象徵；美麗圓錐形的富士山，是一萬年前火山爆發所形成的，日人都認為是座靈峰，以其為信仰對象，也產生相當多傳說。自古以來日本文學家將富士山納入其作品中，彷彿有富士山背書可增加作品價值。

童謠

下列耳熟能詳之童謠，原曲出自日本。

櫻花

Sa-ku-ra, Sa-ku-ra

No-ya-ma mo Sa-to mo,

Mi-wa-ta-su Ka-gi-ri,

Ka-su-mi ka Ku-mo Ka

A-sa-hi ni Ni-o,

Sa-ku-ra, Sa-ku-ra

Ha-na Za-ka-ri

 ## 著名童書作繪者簡介

安野光雅

安野光雅生於一九二六年日本西部的島根縣津和野。從小家裡經營旅館為生，往來的客人當中，許多是周遊各地的畫家及藝術家，使得安野培養了對繪畫的興趣，並接受正統的學院藝術訓練。一九六七年來到東京，開始精采的繪本畫家生涯。

安野光雅自一九六八年發表了第一本圖畫書《不可思議的

圖》後，一直到現在已經設計了七十多本圖畫書，其作品最特殊的地方，是他科學組織的思考模式和縝密的邏輯推理風格，處理空間上掌握了視覺變幻技巧，將孩子帶入充滿無限想像空間的世界，也開創了獨樹一格的兒童圖畫書的新領域。其中《奇妙國》、《數數看》、《跳蚤市場》、《十個人快樂的搬家》，在沒有任何文字說明的畫面中，以風趣幽默的方式呈現出數學、科學、邏輯、想像、自然與人文思考，畫面多向度的空間交錯，透過不同的眼睛展現出不同的視覺感受，深受世界各地小朋友的喜愛。

安野更得到許多國際大獎的青睞，包括布拉迪斯插畫雙年展金蘋果獎，凱特・格林威獎，布魯克林美術館獎，波隆那國際兒童插畫展設計大獎，一九七八年他旅遊了歐洲各地之後，完成了《Anno's Journey旅之繪本》全集，讓人們隨著書中騎馬帶帽的主角，了解歐洲的人文、生活、藝術，在沒有任何文字說明的畫面中，讓人們沉浸在耳熟能詳吸引幼兒興趣的童話故事當中，也讓大人回味、喚醒兒時美好童話故事的回憶，其中有「拔蘿蔔」、「小紅帽」、「阿里巴巴」……等大家熟知的故事。一九八四年更獲得素有「兒童文學諾貝爾獎」之稱的「國際安徒生大獎」等。兒子安野一郎也遺傳繼承父親對藝術、科學、數學的熱誠，與父親合著《魔法ABC》、《壺中的故事》，是兒童繪本作者中難得一見的父子搭檔。

安野光雅不但透過繪本將西方的知性文化無形中介紹給東方的讀者，擴大視野，也間接促進東西方的文化、藝術交流與相互了解，吸引世界各國欣賞者普遍共鳴，是一個才華洋溢屬於世界性的知性藝術家。

【表12-1】安野光雅在台灣出版作品一覽表

書　名	出版年份	出版社
旅的繪本	1978	福音館
進入數學世界的圖畫書（三冊）	1983	上誼文化
奇妙國	1991	英文漢聲
天動說	1991	信誼出版
跳蚤市場	1991	上誼文化
世界一天	1991	英文漢聲
數數看	1993	台英
奇妙的種子	1995	上誼文化
十個人快樂的搬家	1995	上誼文化
壺中的故事	1996	上誼文化

五味太郎

　　日本兒童圖畫書界的另類奇才五味太郎，曾榮獲多項國際知名大獎，是多產又富有創意的作家及畫家，本身工業設計出身，繪畫色彩鮮明，構圖簡潔，重視似幻燈片圖像視覺的變換，三十歲才加入圖畫書創作，二十多年來完成兩百多本的圖畫書。繪本風格充滿另類卻看似垂手可得的創意，題材生活化且包羅萬象，主題鮮明突出，並在封面、裝訂……等設計上有出乎意料的表現，成為他獨樹一格的風格，讓讀者在欣賞完他的作品之後，心中充滿「原來如此」的會心一笑，並佩服五味太郎的鮮活頭腦。

　　五味太郎獨特的「圖畫書風景論」：「圖畫書好像一幕幕的風景，有如乘坐在飛快的列車上，往窗外看到一幕幕的景色，圖畫書並不強求別人去了解，最重要的是讓讀者看到書裡展開的每一幅風景，我追求的就是那種鮮明的景色（傑出圖畫書插畫家／

亞洲篇，民88）。」

　　五味太郎的作品翻譯成各國文字，他輕鬆幽默，想像力超乎常人的靈活頭腦，且不局限於一般老套的創作模式裡。他認為繪畫是抒發情感最直接的一種方式，其近似兒童視覺影像的風格，善用對比的色彩色調，使主題樸拙鮮明凸出，是位令人尊敬的大師。

【表12-2】五味太郎在台灣出版作品一覽表

書　名	出版年份	出版社
爸爸走丟了	1985	漢聲出版
ABC圖畫書	1986	漢聲出版
我是第一個	1986	漢聲出版
家來大便	1987	漢聲出版
小金魚逃走了	1987	信誼出版
爺爺的枴杖	1992	台英
食指寶寶	1992	台英
怎麼做才對	1994	台英
我的朋友	1998	上誼文化
春天來了	1998	上誼文化
鱷魚怕怕牙醫怕怕	1998	上誼文化
鯨魚	1999	三之三文化
窗外送來的禮物	2000	上誼文化
誰吃掉了	2000	上誼文化
藏在那兒呢	2002	上誼文化

主題網

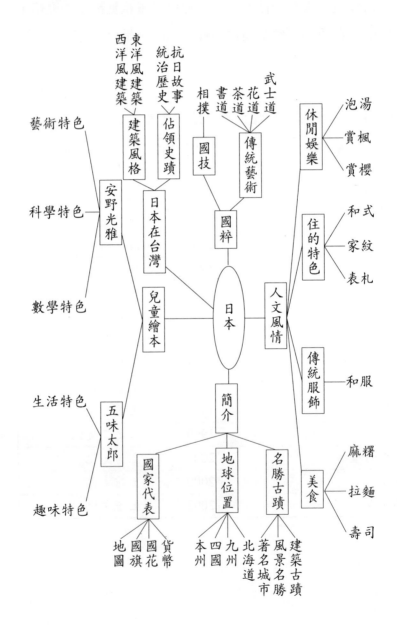

東洋風建築
西洋風建築

抗日故事
統治歷史

武士道
花道
茶道
書道
相撲

藝術特色

建築風格

佔領史蹟

國技

傳統藝術

休閒娛樂

湯
泡楓
賞櫻
賞

安野光雅

科學特色

日本在台灣

國粹

住的特色

和
式紋
家飾
表札

數學特色

兒童繪本

日本

人文風情

傳統服飾

和服

生活特色

五味太郎

簡介

美食

麻糬
拉麵
壽司

趣味特色

國家代表

地球位置

名勝古蹟

地國國貨
圖旗花幣

本四九北
州國州海
道

建風著北
築景名海
古名城道
蹟勝市

行動教學與遊戲

教學目標	1.知道日本的地理位置 2.認識日本的風俗民情 3.認識日本的繪本作家 4.會主動製作各種標誌、日式美食參與相關活動 5.了解日本在台灣的一段歷史及日據時代的相關人文、建築	國家相關資源	地圖：日本 圖片：日本風景圖片、相關圖片（房舍、家紋服飾、相撲、表札……等） 音樂：日本童謠、相撲音樂、日本舞蹈音樂

教案名稱	活動過程	教學資源	相關繪本
一、日本國家介紹	・引起動機 由事先準備日本相關圖片、地球儀認識日本的位置歷史人文	・日本國旗、國花、地圖、 ・風景名勝圖片 ・地球儀	
二、認識日本繪本作家及相關繪本	(一)介紹日本繪本作家 　1.安野光雅 　2.五味太郎 (二)閱讀相關繪本		參考安野光雅、五味太郎書單
三、教室大搬家	(一)閱讀繪本《十個人快樂的搬家》 　1.討論書中有幾人？男生、女生各有幾		

（下頁續）

讀繪本，遊世界：著名繪本教學與遊戲　230

	人？		安野光雅
	2. 屋中物品名稱及種類		1. 十個人快樂的搬家
	3. 分享搬家的過程		2. 奇妙國
	4. 教室也要搬家了		
	5. 師生共同討論規畫教室的角落布置，並將物品做好分類		
	㈡幼兒設計繪畫教室布置圖，每人或小組設計布置圖並師生共同討論「競圖」（「競圖」為建築界或室內設計界競爭出最好的設計圖的一種名詞）	·圖畫紙	
	㈢角落名稱取名—家紋表札角落取名字，並設計代表圖案	·角落照片、各種可用材質	

（下頁續）

四、家家大不同	(一)房子小書設計 每人設計一本屬於自己的房子小書，並設計自己的符號標記	圖畫紙、訂書機、各式紙類	安野光雅 1.數數看 2.奇妙的種子 2.壺中故事
	(二)數字排排坐 表札、房子、符號、標誌角落相關教具、家人、幼兒……等與繪本配合做數的遊戲「分類、序列、分解合成」……等	・緞帶、白膠	五味太郎 1.小金魚逃走了 2.兔子先生去散步
五、入厝囉！大家來坐	(一)入厝邀請卡：日本書道 製作山水水墨書法邀請卡	・墨汁 ・宣紙	五味太郎 1.食指寶寶
	(二)插花：日本花道 1.認識花的名稱及種類 2.插花的基本器材 3.插花製作	・花材 ・花器 ・剪刀	
	(三)日本美食製作品嘗 製作日本代表性美食（壽司、拉	・壽司（米、竹簾、海苔、配料）	

（下頁續）

（承上頁）

日本

讀繪本，遊世界：著名繪本教學與遊戲　232

	麵、和果子、麻糬、銅鑼燒……等） p.s.以上活動可以做班級活動或成為親子活動形式	·麻糬（糯米團、紅豆泥、芝麻粉、花生粉）	
六、相撲先生選秀賽	(一)觀看相撲影片及照片 (二)進行丁字褲打扮及相撲先生選秀大賽 (三)配合相撲音樂進行相撲律動	·相撲錄影帶照片 ·長布條 ·相撲音樂	
七、日本舞祭（綜合活動）	全體進行日本舞蹈慶典 (一)穿日本和服 (二)跳日本舞蹈	·日本和服 ·絲巾被單 ·日本舞錄音帶、鼓、節奏樂器	
八、延伸活動 ·晨間「數教具」探索時間 ·配合安野光雅繪本「數」的特性所安排	(一)數的探索 以「數」相關教具進行操作，並配合安氏「數」相關繪本 (二)小組親子活動 小組或親子配合上誼「進入數學世界的圖畫書」繪本進行探索	·撲克牌 ·記憶轉盤 ·數學寶盒	安野光雅 1.進入數學世界的圖畫書 2.數數看 3.奇妙的種子 4.壺中故事

（下頁續）

（承上頁）

| 二、日本在台灣遺留足跡 | (一)台灣割讓日本始末
(二)介紹日據時代遺留古蹟總統府、台灣博物館、國父史蹟紀念館……等介紹
(三)考據之旅 | ・相關故事、照片 | |

 你不能不知道

民俗藝術

　　古代日本從中國引進了各種藝術和技能，在長期的演進中，受到了本土的風俗民情、生活習慣的影響，變成了日本獨特的藝術和藝能，並將之稱為「道」。真正有代表性的是書道、歌道、連歌道、能樂道、花道、茶道，一般稱謂「六藝」就是指這六種藝道。

花道

　　「花道」又稱「華道」，源自佛教由中國傳入日本，「華」乃為「蓮華」之簡稱。古人在佛像前供奉人工製作的「蓮華」，稱「供華」，「花道」就是從「供華」演變而成，反而超越中國，成為日本一項重要世界知名的國粹。

茶道

日本茶道講究典雅、禮儀的氣氛，使用之工具也是精挑細選的上上之選，品茶時更配以和果子甜品。茶道已超脫了品茶的範圍，日本人視之為一種培養情操的方式。日本茶道源之於中國，可是如今卻像花道一樣超越中國茶道。

書道

古代日本人稱書法叫「入木道」或「筆道」，十七世紀出現「書道」這個名詞。

日本以用毛筆寫漢字而盛行書法，大約是在佛教傳入之後。僧侶和佛教徒模倣中國以毛筆抄錄經書，中國的書法也隨之在日本展開，至今成為一種國技藝術。

家紋

日本的家紋有二萬種以上。家紋源之於花紋、圖案，是人們把美好物體的形狀和姿態，用簡單線條表現出來的一種圖紋標誌藝術。家紋往往成為家世背景的代表。日本人也習慣將家紋做成圓型或方型的紋章，貼在門上或店鋪招牌上，成為當地的居住特色之一。

表札

日本每座住戶門前都掛著一塊木頭、石頭、銅製長方型「表札」，「表札」又稱「門標」，「表札」習慣以漢字書法寫著住戶主人的姓名。「表札」的功能類似門牌的作用。

相撲

　　所謂相撲（sumo）是指兩人穿著丁字褲在土俵中角力的一種戰鬥技術，類似現代角力格鬥的形式，一方將對手扳倒或推出土俵（以土堆砌的土製平台）外即為勝利。一般人只要提及相撲就會自然反射認為它是日本的國技。

日本佔據台灣歷史始末

　　西元一八九四年爆發中日甲午戰爭，第二年簽訂馬關條約，清廷將台灣、澎湖群島割讓日本，至民國三十四年台灣光復為止，日本共統治台灣達五十年之久。期間推行日本皇民化運動，說日語、禁唱台灣民謠、更改中國姓為日本姓，所有漢文化活動皆轉為地下，如：民間設立書房、書院，也為日本政府所限制，並有丘逢甲、羅福星、霧社事件……等抗日運動，直到台灣光復。

　　統治五十年間，日本文化、生活習慣影響台灣人，如「便當」、「甜不辣」等名詞，並留下大量的建築古蹟。

　　(1)西洋風建築──總統府、台北公賣局、台灣博物館。
　　(2)東洋風建築──台北國父史蹟紀念館、高雄車站。

 參考資料

書籍

傅朝卿著（民88）　　**大地別冊，日治時期──台灣建築**。大地地

理。

旅之友編輯小組（民 74）　**日本。**旅之友。

生活情報編輯（民 89）　**日本超完美紅葉之旅。**生活情報。

城邦文化編輯（民 90）　**箱根、伊豆、富士。**城邦文化。

鄭明進著（民 88）　**傑出圖畫書插畫家／亞洲篇。**雄獅美術。

網站

▶Japan Online 日本百科　http://japanonline.hypermart.net/

　　介紹有關日本風土民情、文化、歷史及相關觀光勝地。

▶日本觀光振興會──看看日本　http://www.jnto.go.jp/

　　介紹有關日本風土民情、文化、歷史及相關觀光勝地。

▶台灣國旗網　http://www.flags.idv.tw

　　介紹世界各國國旗、國徽、國花及有關國旗、國徽、國花的

　　相關歷史淵源及資訊。

花道──爸爸媽媽快來幫忙喲～插盆美麗的花。

入厝囉！製作美食請大家品嘗。

要不要來嘗嘗我做的壽司？很好吃喲！

來段日本面具舞嚇嚇你，夠酷了吧！

茶道——日本傳統文化

泡好喝喝看！

廟口講古

世界童書在台灣──台灣篇

【教案設計】

林秀寬──台北市市立師範學院
　　　　幼教系畢業
　　　　台北市私立育仁幼稚園園長
游寒冰──台北市市立師範學院
　　　　幼教系畢業
　　　　台北市啟聰學校兼任語言
　　　　治療師
　　　　桃園縣聲暉口語班口語教師

　　科技的發達，讓台灣的資訊與世界同步，在台灣我們便可以看到世界各國的童書，在欣賞了來自世界各國的好書後，更應該好好的研讀本土作者的書籍，與切身息息相關的生活文化風俗背景，也有很多優秀的作者，他們默默的耕耘，在國際上也得到肯定，在此我們介紹童書出版界文才並茂的出版人郝廣才，以及得獎無數的王家珠兩位。

基本資料

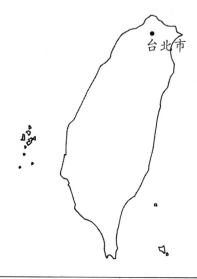

國旗	國旗是青天白日滿地紅。藍色代表光明純潔、民族和自由；白色代表坦白無私、民權和平等；紅色代表不畏犧牲、民生和博愛。白日的十二道光芒，代表著一年十二個月，一天十二個時辰；也象徵著國家的命脈，隨著時間的前進永存於世界；更鼓舞國人與時俱進，自強不息。
國徽	
國花	梅花
主要語言	國語
首都	台北
錢幣	新台幣

觀光風景名勝

陽明山

為國家公園之一，陽明公園花季，讓遊客走一趟知性、感性兼具的賞花之旅，享受花的洗禮。

宜蘭冬山河親水公園

夏季七月舉辦國際藝術童玩節，參加活動之國家有：以色列、希臘、義大利、菲律賓、俄羅斯、加拿大、烏干達、斯洛維妮亞、蒙古、土耳其、拉脫維亞、匈牙利、美國及我國等。

日月潭國家風景區

中秋到日月潭賞月也可以參加邵族的豐年祭。邵族一年中固定的三個大祭祀，農曆三月的播種祭，七月的狩獵祭及八月的豐年祭。

墾丁

位於南台灣的墾丁國家公園，可做賞鳥之旅、植物之旅、人文之旅等。

（以上皆可參考「中華民國交通部觀光局網站」）

兒童歌謠

丟丟銅仔（台語）

火車行到伊都阿末伊都丟，

唉唷磅空內，

磅空的水伊都丟丟銅仔伊都，

阿末伊都丟仔伊都滴落來。

焢土窯（台語）

我細漢耶時陣，厝的四邊都是田，我的阿爸和阿母，因為做隙真沒營，攏叫我的阿兄和阿姐，帶我們去迫迌。

我細漢耶時陣，我的阿兄和阿姐，上愛帶我們焢土窯，這是我們細漢上歡喜的歹誌。

我細漢耶時陣，我耶阿兄和阿姐，定定帶我去焢土窯。起窯耶時陣，攏叫我們這耶小弟小妹，去撿茶支來燒火，我們撿甲很高興。

我細漢耶時陣，我耶阿兄和阿姐，定定帶我們去焢土窯，我耶阿哥兄說：「土窯要燒喝紅仔紅」。

我細漢耶時陣，阿兄和阿姐，定定帶我去控土窯，我耶阿兄和阿姐說：「等窯熟，愛去算過往的車」。

我耶阿兄和阿姐說：「車輛愛算二十隻，窯的好阿」我真歡喜算車輛。

我細漢耶時陣，我耶阿兄和阿姐，定定帶我們去烤土窯，這是我細漢尚歡喜的歹誌。

（作者：私立育仁幼稚園林秀寬老師）

台灣組曲（台語）

屏東以前叫阿猴

高雄舊名是打狗

民雄舊名是打貓

台南古都赤崁樓

永康叫做埔羌頭

白河古時店子口

北斗舊名是寶斗

人說台西是海口

清水叫做牛馬頭

新竹古時叫竹塹

嘉義舊名諸羅山

隆田叫做番仔田

阿公店叫做岡山

員林椪柑最棒了

鹿港青蚵是名產

人說寶島是台灣

別生氣（國語）

小姐小姐別生氣，

明天帶你去看戲，

我坐椅子你坐地，

我吃香蕉你吃皮。

黃狗抬轎（國語）

又會哭，又會笑，

三隻黃狗來抬轎，

一抬抬到城隍廟，

城隍菩薩看見哈哈笑。

 著名童書作者及作品

郝廣才

　　早期創作以押韻方式呈現，期使孩子念起來琅琅上口。其著作與主編繪本，結合世界創作資源，延攬國內外傑出兒童插畫家，出版作品深獲國際出版公司肯定。是台灣童書出版界文才並茂的出版人。一九九六年受邀至義大利「波隆那國際兒童書展」擔任評審，為該展有史以來第一位，也是最年輕的一位亞洲評審。

　　其所屬出版公司亦於一九九五年布拉迪斯國際插畫雙年展中，獲主辦單位評選為世界最佳出版社，出版充滿豐富美感的兒童繪本。

【表 13-1】郝廣才在台灣出版作品一覽表

書　名	出版年份	出版社	得獎記錄
起床啦皇帝★	1988	信誼出版	
銀河玩具島	1998	格林文化	
博愛的十字架—耶穌	1999	格林文化	
夢幻城堡	2000	格林文化	
金魚王在哪裡	1999	格林文化	波隆那國際兒童書插畫展入選、聯合國兒童救援基金會（UNICEF）年度最佳插畫家、布拉迪斯國際插畫雙年展入選
青蛙變變變	2000	格林文化	布拉迪斯插畫雙年展波隆那國際兒童書展插畫原作展
長靴貓大俠	1998	格林文化	布拉迪斯插畫雙年展波隆那國際兒童書展插畫原作展
一片披薩一塊錢★	1999	格林文化	
藍鬍子的故事	1999	格林文化	
小彈珠大麻煩	1999	格林文化	
小紅帽來啦	1999	格林文化	
再見人魚	1999	格林文化	
羅伯史考特—南極勇士	1999	格林文化	
搖滾馬戲團	1999	格林文化	
拯救獨角人	1999	格林文化	
釋迦牟尼—智慧的長河	1999	格林文化	
希望的翅膀★	2000	格林文化	

（下頁續）

跳舞吧老鼠	2001	格林文化	波隆那國際兒童書插畫展
學說謊的人	1999	格林文化	巴塞隆納國際插畫雙年展入選、布拉迪斯國際插畫雙年展入選
皇帝與夜鶯★	1998	格林文化	
野獸王子	1999	格林文化	
新天糖樂園	2001	格林文化	波隆那國際兒童書插畫展
巨人和春天	2001	格林文化	
英雄不怕貓	2001	格林文化	
蝴蝶新衣	2000	台灣東方	
如果樹會説話★	1997	格林文化	西班牙國家插畫大獎波隆那國際書展兒童最佳選書拉薩里歐大獎
你想當總統嗎？★	2001	格林文化	

（★號為行動教案中的參考書目）

王家珠

　　目前國內新生代插畫畫家中一位具代表性的人物。一九九一年，王家珠的作品《懶人變猴子》在伊朗得到亞洲第一屆兒童插畫雙年展首獎，入選捷克布拉迪斯畫展。

　　一九九三年另一作品《七兄弟》則入選義大利波隆那國際兒童插畫展。王家珠的插畫在國際間大放異彩，讓許多國際的兒童讀物專家都對這位來至台灣的伊芙・王（Eva Wang）的作品讚嘆不已。她的作品《巨人和春天》亦獲得「中國時報開卷十大叢書獎」。

王家珠在勇奪國際大獎、且在國際兒童文學界嶄露頭角前，她早已在這塊園地默默耕耘多年，她的作品以「細膩、豐富」見長，一絲不苟的作畫態度，任何一點小節都不馬虎，經得起細細品味的插畫家。作品中洋溢著自然的童趣，展現驚人的想像力，讓欣賞她作品的人跟隨著她到一個充滿愛與美好的童話世界。

【表13-2】王家珠在台灣出版作品一覽表

書　　名	出版年份	出版社	得獎記錄
亦宛然布袋戲★	1989	遠流	· 行政院新聞局第八次推介中小學生優良課外讀物（圖書類）
媽祖回娘家★	1989	遠流	· 行政院新聞局第八次推介中小學生優良課外讀物（圖書類）
懶人變猴子★	1989	遠流	· 行政院新聞局第八次推介中小學生優良課外讀物（圖書類） · 第一屆亞洲兒童書插畫雙年展首獎
七兄弟	1992	遠流	入選義大利波隆那國際兒童畫插畫展
小野豬的玫瑰花	1995	民生報	得獎（推薦）紀錄： · 1995年聯合報「讀書人」週報每週新書金榜 · 行政院新聞局第十四次推介中小學生優良課外讀物 · 1996年行政院新聞局中小學優良讀物推薦人選

（下頁續）

（承上頁）

山羊巫師的魔藥	1995	民生報	・1995年聯合報「讀書人」週報每週新書金榜 ・行政院新聞局第十四次推介中小學生優良課外讀物 ・1996年行政院新聞局中小學優良讀物推薦人選
東港王船祭★	1990	遠流	・行政院新聞局第八次推介中小學生優良課外讀物（圖書類）
孩子王，老虎	2000	民生報	
星星王子	2001	格林文化	
新天堂樂園	2001	格林文化	
巨人和春天	2001	格林文化	
從前從前有一隻貓頭鷹	2002	民生報	
三個為什麼八個原來如此	即將出版	國語日報	

（★號為行動教案中的參考書目）

主題網

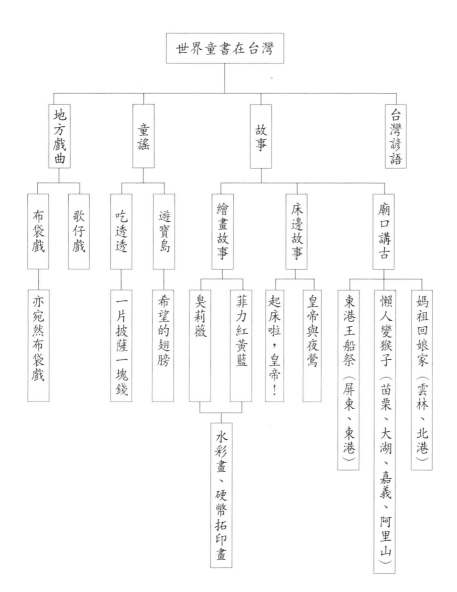

世界童書在台灣

- 地方戲曲
  - 布袋戲
    - 亦宛然布袋戲
  - 歌仔戲
- 童謠
  - 吃透透
    - 一片披薩一塊錢
  - 遊寶島
    - 希望的翅膀
- 故事
  - 繪畫故事
    - 臭莉薇
    - 菲力紅黃藍
      - 水彩畫、硬幣拓印畫
  - 床邊故事
    - 起床啦，皇帝！
    - 皇帝與夜鶯
  - 廟口講古
    - 東港王船祭（屏東、東港）
    - 懶人變猴子（苗栗、大湖、嘉義、阿里山）
    - 媽祖回娘家（雲林、北港）
- 台灣諺語

行動教學與遊戲

準備材料	台灣地圖 台灣童謠（CD 或錄音帶） 故事書		
活 動 名 稱	(一)坐火車遊台灣 1.台灣地圖（火車路線圖） 　指出宜蘭、新竹、苗栗、 　台中、員林、嘉義、台 　南、岡山、高雄、屏東 　（東港）的位置。 2.火車經過地點，那些地方 　小朋友去過？ 3.依各園所所在地深入介紹 　風景名勝。 4.引領幼兒發表觀光景點的 　特色。 5.分組畫出風景點的特色 　圖。	(二)台灣美食吃透透 小吃街 1.淡水：阿給、魚丸湯、鐵蛋 2.新竹：貢丸湯、炒米粉 3.苗栗：客家菜、草莓 4.台中：太陽餅 5.員林：椪柑、肉圓 6.台南：棺材板、蚵仔煎 7.岡山：羊肉 8.宜蘭：蜜餞 9.屏東：萬巒豬腳、林邊蓮霧 　（黑珍珠） 10.小朋友知道的各種特產	
	(三)阿公講古 　（襯樂：思想起） 1.媽祖回娘家 2.懶人變猴子 3.東港王船祭	(四)每日一句 台灣諺語 （參考網站）	(五)地方戲曲 1.布袋戲 　故事：亦宛然 　布袋戲 　參觀李天祿文 　物館 2.歌仔戲 　VCD、錄影帶、 　電視

你不能不知道

國家公園

陽明山國家公園、墾丁國家公園、金門國家公園，另位於台灣高山上的三大國家公園分別是太魯閣國家公園、玉山國家公園、雪霸國家公園。

台灣諺語

一枝草，一點露

一個某，卡好三仙天公祖

一兼二顧，摸蜊仔兼洗褲

一樣米，飼百樣人

七月半鴨，毋知死活

未先學行，先學飛；未先種籽，先挽瓜

吃飯吃阿爹，賺錢積私家

食果子，拜樹頭；食米飯，敬鋤頭

食飯皇帝大

神仙撲鼓有時錯，腳步踏錯誰人無

台灣民謠

台灣最南端的最美麗也最鄉土的聲音——恆春民謠。恆春民謠「思想起」傳唱千里，在台灣只要提起福佬民歌，大家一定都

會想到恆春民謠以及最有名的「思想起」。

台灣廟會

台灣民間習俗在神明誕辰、廟會祭典前夕都會舉行繞境出巡儀式。

地方戲曲

有歌仔戲、布袋戲。

台灣的原住民

高山族九族和平埔族，九族包括，泰雅族、阿美族、布農族、魯凱族、卑南族、雅美族、排灣族、曹族、賽夏族（《懶人變猴子》是原住民賽夏族流傳的故事。分布於大湖、苗栗、阿里山一帶）。

台灣各地名產

如：客家菜——梅干扣肉、梅菜蹄膀、鹽焗雞、薑絲肥腸、炒豬肚、釀豆腐等。

 參考資料

書籍

簡上仁著（1999）　**台灣民謠**。眾文。

莊永明、林武憲企劃，曹俊彥等七位繪圖（1998）　紅田嬰、火
　　金姑—台語兒歌（套書）。信誼。

網站

▶中華民國觀光局　http://www.tbroc.gov.tw/
　　提供自然、文化、遊樂區、美食、購物娛樂等資料，欲環遊
　　寶島，吃遍各地美食特產都不是問題。

▶華文網網路書店　http://www.book4u.com.tw/book.asp
　　由華文網線上文化集團建置，線上提供華文電子書中心、華
　　文網網路書店、影音動態書店、線上版權仲介中心、線上原
　　創仲介中心等服務。

▶台灣史教學網站　http://www.fg.tp.edu.tw/~nancy/table.htm
　　提供了文化特色、歷史分類、台灣諺語……是北一女中歷史
　　科卓心美老師設計製作。

▶台灣國旗網　http://www.flags.idv.tw
　　國家的簡介、國旗的由來、國徽大全、國花園地、地圖集粹
　　……。

▶博客來網路書店　http://www.books.com.tw/
　　新書的資訊。

其他

　　紅田嬰・火金姑—傳統台語兒歌集，信誼。
　　台灣兒歌與民謠之旅，台北音樂教育學會。
　　歡喜台灣節，台北音樂教育學會。

台中太陽餅、香香酥酥，吃了還想再吃

來，大家來看看，自己阿公阿嬤的故鄉在哪裡？

阿公在大樹下，講著「很早很早以前」的故事，孩子們聽得十分入神

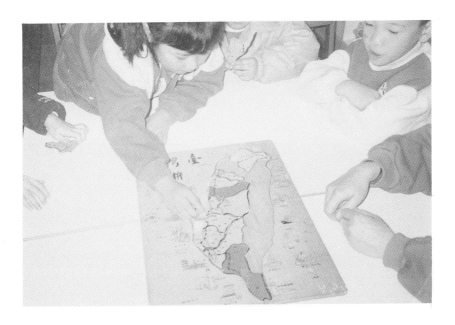

我知道手上的這塊拼圖代表台灣的縣市

台灣小吃最出名，碗粿、肉圓、肉粽，加上貢丸湯

娃娃遊長城

└─ 世界童書在台灣──中國大陸篇

【教案設計】

余湯月麗──國立空中大學畢業
　　　　　台北市永吉國民小學客家語
　　　　　支援教師
林美雲──國立台東師範學院兒童文學
　　　　　研究所肄業
　　　　　台北市南湖國民小學附設
　　　　　幼稚園教師

 前言

　　我們有必要讓同是中國人，但生活方式不同的台灣孩子，知道對岸的孩子喜歡什麼？怎麼過日子？所以我們的小朋友要看中國大陸作家的好作品，而我們台灣的兒童作家也要寫更多的好作品，和中國大陸的小朋友交流。

　　因此，我們努力蒐集資料，為學前的孩子做了以下的準備，提供平時辛苦的老師以及忙碌的父母參考。期能拋磚引玉，讓我們的幼兒從世界各國的童書，學習更多元、更豐富、更有世界性的宏觀視界。

基本資料

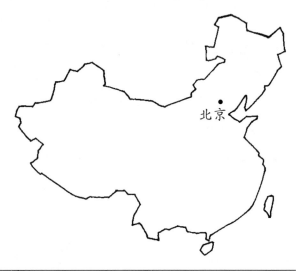

北京

國旗		紅色象徵革命，黃色象徵光明；五個星星象徵共產主義。大星星代表中國共產黨，四個小星星是表示工人、農人、知識階級與愛國資本家四個人民階級，四個小星星都有一道光芒指向大星星，代表中國共產黨與人民的團結。此旗又稱爲「五星紅旗」。
國徽		齒輪和麥穗象徵著工人階級與農民階級大團結。天安門圖案是北京首都象徵，五星圖案是共產政權的象徵。
國花		牡丹花
主要語言		1.民族語言【漢語】 2.官方語言【華語】 3.地方語言【方言】
首都		北京
錢幣		人民幣

觀光風景名勝

故宮

位於北京，是歷經明朝、清朝兩朝代的皇宮，舊名叫紫禁城。

萬里長城

是在月球上遠觀地球，唯一可見的建築物。

 ## 童謠、唐詩

花園裡的洋娃娃（周伯陽）

(1)妹妹背著洋娃娃，走到花園來看花。
　娃娃哭了叫媽媽，花上蝴蝶笑哈哈。
(2)妹妹抱著洋娃娃，走到花園來玩耍。
　娃娃餓了叫媽媽，樹上小鳥笑哈哈。

靜夜思（李白）

床前明月光，疑是地上霜。
舉頭望明月，低頭思故鄉。

春曉（孟浩然）

春眠不覺曉，處處聞啼鳥。

夜來風雨聲，花落知多少？

 童書繪者簡介及作品分析

張世明

張世明是大陸優秀兒童書插畫家。一九三九年生於中國大陸上海揚州。畢業於浙江中央美術學院附屬中等美術學校。

曾在紐約藝術學生聯盟進修版畫及壁畫。一九五八年開始創作了許多優秀的動畫片和兒童圖畫書。一九九三年《板橋三娘子》入選義大利波隆那兒童插畫展及兒童救援基金會大獎。《嫦娥奔月》獲中國優秀少年兒童讀物一等獎。其插畫風格明朗；色彩華麗生動；人物造型活潑，是獲獎及深受讀者肯定的主要因素。

張世明善用水墨粗細濃淡線條畫法，造型則以中國古代銅器的圖案、人物、波浪以及自然雲彩等圖像巧妙的引入書中，表現人物的瀟灑和飄逸。就以得獎的《板橋三娘子》來說，張世明在這本書充分反映中國敦煌壁畫的風格。線條流暢豪爽、節奏明快、畫面生動活潑，不但能充分表現民族的風格，又十分具有童趣，所以深獲孩子的喜愛。

【表 14－1】張世明在台灣出版作品一覽表

書　名	出版年份	出版社	得獎記錄
守株待兔	1980	香港新雅文化	
后弈射日	1982	香港新雅文化	
嫦娥奔月	1982	香港新雅文化	
九色鹿	1989	東華	
司文郎	1991	信誼	
郭秀才	1991	信誼	
繪本童話中國——三件寶貝	1992	遠流	
繪本童話中國——九十九個娘	1992	遠流	
繪本童話中國——菊花仙子	1992	遠流	
繪本童話中國——翩翩	1992	遠流	
繪本童話中國——晚霞	1992	遠流	
繪本童話中國——錢雨	1992	遠流	
繪本童話中國——王六郎	1992	遠流	
繪本童話中國——白小二偷鴨	1992	遠流	
繪本童話中國——勞山道士	1992	遠流	
繪本童話中國——石痴	1992	遠流	
繪本童話中國——板橋三娘子	1993	遠流	義大利波隆那大獎
繪本童話中國——哪個錯找哪個	1993	遠流	
戚繼光畫傳	1993	新學友	
中國傳家故事寶庫寓言㈠	1994	迪成國際 格林文化	

（下頁續）

（承上頁）

中國傳家故事寶庫寓言㈡	1994	迪成國際 格林文化	
中國傳家故事寶庫寓言㈢	1994	迪成國際 格林文化	
中國傳家故事寶庫寓言㈣	1994	迪成國際 格林文化	
繪本童話中國──金瓜與 銀豆	1994	遠流	
皇帝與夜鶯	1998	格林文化	
傳奇六神童	1999	國立編譯館	
不朽的精神導師孔子	1999	格林文化	
南郭先生		香港新雅文化	
濫竽充數		香港新雅文化	
鄭成功畫傳	1999	南天出版	

主題網

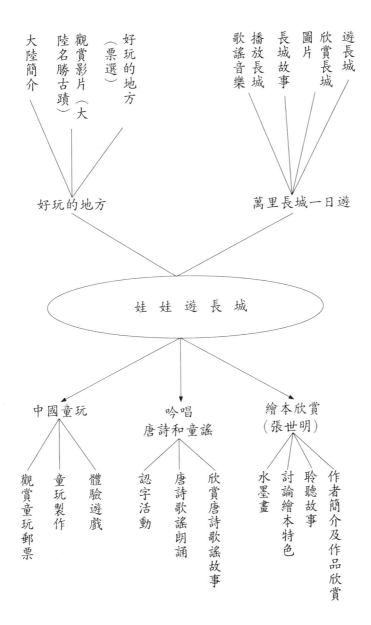

好玩的地方
- 大陸簡介
- 觀賞影片（大陸名勝古蹟）
- 好玩的地方（票選）

萬里長城一日遊
- 歌謠音樂
- 播放長城
- 長城故事
- 圖片
- 欣賞長城
- 遊長城

娃　娃　遊　長　城

中國童玩
- 觀賞童玩郵票
- 童玩製作
- 體驗遊戲

吟唱唐詩和童謠
- 認字活動
- 唐詩歌謠朗誦
- 欣賞唐詩歌謠故事

繪本欣賞（張世明）
- 水墨畫
- 討論繪本特色
- 聆聽故事
- 作者簡介及作品欣賞

行動教學與遊戲

單元名稱：娃娃遊長城	年齡：四歲至六歲	活動時間：一週	設計者：
單元目標	一、認識英國及童書插畫。 二、養成幼兒閱讀的習慣。 三、增進幼兒操作的能力。 四、培養幼兒審美的概念。	活動綱要	活動一：好玩的地方 活動二：萬里長城一日遊 活動三：中國繪本欣賞 活動四：吟唱唐詩和歌謠 活動五：中國童玩	林美雲 湯月麗

項目	活動目標	活動內容與過程	資源	項目
活動一：好玩的地方	·能知道二種以上代表中國特色的東西 ·能踴躍發表好玩的地方 ·能熱烈參與投票活動	一、引起動機 　情境布置：中國地圖、國旗、國花及中國具特色服裝……等 二、團體活動： （一）簡介中國 　1.利用電腦或投影機介紹：中國地圖、國旗、國徽、國花、……等 　2.讓小朋友摸一摸、看一看人民幣	·中國地圖、國旗、國徽、國花、錢幣圖片 ·長袍、馬褂	·會知道二種以上中國特色的東西

（下頁續）

（承上頁）

活動	目標	活動內容	教學資源	評量
	・能踴躍發表好玩的地方 ・能熱烈參與投票活動	(二)發表討論 　發表好玩的地方（長城、北京、洞庭湖、白帝城、長江三峽、黃鶴樓） (三)票選最想去的地方（長城） 三、分組活動： (一)益智組：拼中國地圖、國旗、國徽、國花…… (二)娃娃組：穿中國服扮演 (三)工作組：畫中國國旗 四、分享活動： (一)經驗分享作品欣賞 (二)收拾整理	・名勝古蹟圖片 ・錄影帶 ・選票 ・票箱	・會踴躍發表好玩的地方 ・會熱烈參與投票活動
活動二：萬里長城一日遊	・能安靜聽故事和音樂 ・能主動選組 ・能高高興興玩遊戲	一、引起動機： 　展示萬里長城圖片 二、團體活動： (一)說故事：萬里長城的故事 (二)聆聽萬里長城的音樂 (三)教唸兒歌： 　城門城門幾丈高 　三十六把刀 　騎白馬帶把刀 　走進城門滑一跤 三、分組活動： (一)利用遊樂場設計萬里長城	・長城圖片 ・錄音機 ・音樂帶、CD ・書面紙 ・紙箱 ・膠帶 ・膠水	・會安靜聽故事和音樂 ・會主動選組 ・會高高興興玩遊戲

（下頁續）

(承上頁)

讀繪本，遊世界：著名繪本教學與遊戲　272

		㈡用大紙箱及各種素材美化萬里長城 四、進行闖關遊戲 五、分享活動： ㈠分享遊戲的心得 ㈡收拾整理		
活動三：中國繪本欣賞	・能喜歡閱讀 ・能自主選一種水墨畫 ・能大方介紹自己的作品	一、引起動機： 　在教室語文角展示「繪本童話中國」（以繪者張世明作品為主） 二、團體活動： ㈠老師介紹每一本書的書名，及作繪者姓名，並強調繪者的生平故事 ㈡引導幼兒進入圖畫書欣賞，分析繪者作品特色 三、分組活動： 　水墨畫： ㈠點滴法 ㈡浮墨法 ㈢對摺法 四、分享活動： ㈠作品欣賞與經驗交流 ㈡收拾整理	・「繪本童話中國」套書 ・墨汁 ・棉紙 ・宣紙 ・文房四寶 ・襯紙	・會喜歡閱讀 ・會自主選一種水墨畫 ・會大方介紹自己的作品

（下頁續）

（承上頁）

| 活動四：吟唱唐詩和歌謠 | ・能隨著樂器吟唱唐詩和歌謠
・能對應五個字以上
・能有興趣參與遊戲 | 一、引起動機：
　展示萬里長城圖片
二、團體活動：
(一)說故事：老師介紹與唐詩歌謠有關的故事
(二)節奏樂：幼兒隨著各種樂器，敲打節奏、吟詩、唱歌謠
(三)認字遊戲：老師提供唐詩、歌謠認字卡，及大字報，讓幼兒認字對應
三、分組活動：
　畫字遊戲：
(一)肢體畫字
(二)用各種粗筆畫字
(三)沙畫
四、分享活動：
(一)作品欣賞與經驗交流
(二)收拾整理 | ・錄音機
・錄音機、音樂帶、CD
・三角鐵
・響板
・木魚
・鈴鼓
・手搖鈴
・彩色筆
・粗蠟筆
・沙坑
・樹枝 | ・會隨著樂器吟唱唐詩和歌謠
・會對應五個字以上
・會有興趣參與遊戲 |
| 活動五：中國童玩 | ・能熱烈參與討論並發表自己的意見 | 一、引起動機：
　老師展示童玩郵票，讓幼兒慢慢欣賞
二、團體活動：
(一)討論中國童玩的種類
(二)發表看過或玩過的童玩
三、分組活動：
(一)製作竹蜻蜓 | ・童玩郵票
・竹蜻蜓
・陀螺
・風箏
・扯鈴
・跳繩
・刀片
・竹片
・西卡紙 | ・能熱烈參與討論並發表自己的意見 |

（下頁續）

（承上頁）

·能製作一種以上的童玩 ·能操作童玩並說出玩法	(二)設計各式各樣造型陀螺（紙陀螺、紅蘿蔔陀螺、木陀螺） (三)黏貼簡易風箏 四、體驗遊戲：到廣場操作童玩 五、分享活動： (一)作品欣賞、經驗交流 (二)收拾整理	·竹筷子 ·紅蘿蔔 ·玻璃紙 ·釣魚線 ·彩色筆 ·蠟筆 ·膠水	·能製作一種以上的童玩 ·能操作童玩並說出玩法

 # 你不能不知

世界稀有動物產地

中國四川省是熊貓的自然保護區。

兵馬俑

是中國歷史最壯觀的考古發現之一，並名列世界八大奇蹟之一。

陀螺節

從除夕到次年十六日，這段期間，壯族人都會攜帶陀螺參加比賽。獲得第一名的榮稱「陀螺王」。

參考資料

書籍

鄭明進（1999）　**傑出圖畫書插畫家（亞洲篇）**。台北：雄獅。

林海音文，張世明圖（1994）　**中國寓言故事四集**。台北：格林。

張世明（1992）　**板橋三娘子。繪本童話中國十三冊**。台北：遠
　　流。

桐谷蘭等（1994）　**台北市幼稚園與國小一年級教學銜接之研究
　　有效的教學**。台北：台北市政府教育局。

郜瑩（1996）　**中國大陸少數民族風情錄（節慶導遊篇）**。台
　　北：時報。

網站

▶**台灣國旗網**　http://www.flags.idv.tw
　　中國國旗、國徽、簡介。

▶**中國首都歷史考察團後記**　http://www.smcc-canossian.org/~pta/elite_
　　final%20version/beijing.html
　　中國首都介紹。

其他

柳松柏（1995）　**中華兒女唱唐詩**。新景有聲。

朱介凡編著（1997）　**中國兒歌**。台北：純文學。

讀繪本，遊世界：著名繪本教學與遊戲

娃娃遊長城

城門城門幾丈高

我是小小造紙師——小蔡倫

我們學古代中國人用樹枝寫字畫圖

我們會用色紙摺杯子

蘇格蘭裙的布是這樣編織的

大家來玩扯鈴和跳繩

我們用黏土捏茶壺和茶杯

讀繪本，遊世界：著名繪本教學與遊戲　280

國家圖書館出版品預行編目資料

讀繪本，遊世界：著名繪本教學與遊戲／紀明美,黃金葉等著.
--初版.-- 臺北市：心理, 2003（民 92）
面；　公分.--（幼兒教育；66）

ISBN 957-702-581-1（平裝）

1. 世界地理—描述與遊記

719.85　　　　　　　　　　　　92004735

幼兒教育 66　**讀繪本，遊世界：著名繪本教學與遊戲**

策畫主編：吳淑玲
作　　者：紀明美、黃金葉等著
總 編 輯：林敬堯
發 行 人：邱維城
出 版 者：心理出版社股份有限公司
社　　址：台北市和平東路一段 180 號 7 樓
總　　機：(02) 23671490　　傳　真：(02) 23671457
郵　　撥：19293172　心理出版社股份有限公司
電子信箱：psychoco@ms15.hinet.net
網　　址：www.psy.com.tw
駐美代表：Lisa Wu　　tel: 973 546-5845　　fax: 973 546-7651
登 記 證：局版北市業字第 1372 號
電腦排版：未名圖文社
印 刷 者：東縉彩色印刷有限公司
初版一刷：2003 年 4 月
初版二刷：2004 年 9 月

讀者意見回函卡

No._____   填寫日期：　年　月　日

感謝您購買本公司出版品。為提升我們的服務品質，請惠填以下資料寄回本社【或傳真(02)2367-1457】提供我們出書、修訂及辦活動之參考。您將不定期收到本公司最新出版及活動訊息。謝謝您！

姓名：_____　性別：1□男　2□女

職業：1□教師 2□學生 3□上班族 4□家庭主婦 5□自由業 6□其他____

學歷：1□博士 2□碩士 3□大學 4□專科 5□高中 6□國中 7□國中以下

服務單位：_____　部門：_____　職稱：_____

服務地址：_____　電話：_____　傳真：_____

住家地址：_____　電話：_____　傳真：_____

電子郵件地址：_____

書名：_____

一、您認為本書的優點：（可複選）

　❶□內容 ❷□文筆 ❸□校對 ❹□編排 ❺□封面 ❻□其他____

二、您認為本書需再加強的地方：（可複選）

　❶□內容 ❷□文筆 ❸□校對 ❹□編排 ❺□封面 ❻□其他____

三、您購買本書的消息來源：（請單選）

　❶□本公司 ❷□逛書局⇨_____書局 ❸□老師或親友介紹

　❹□書展⇨____書展 ❺□心理心雜誌 ❻□書評 ❼其他_____

四、您希望我們舉辦何種活動：（可複選）

　❶□作者演講 ❷□研習會 ❸□研討會 ❹□書展 ❺□其他____

五、您購買本書的原因：（可複選）

　❶□對主題感興趣 ❷□上課教材⇨課程名稱_____

　❸□舉辦活動　❹□其他_____　　（請翻頁繼續）

廣　告　回　信
台　北　郵　局　登　記　證
台北廣字第 940 號
（免貼郵票）

心理出版社 股份有限公司
台北市 106 和平東路一段 180 號 7 樓

TEL: (02) 2367-1490
FAX: (02) 2367-1457
EMAIL:psychoco@ms15.hinet.net

沿線對折訂好後寄回

六、您希望我們多出版何種類型的書籍

❶□心理 ❷□輔導 ❸□教育 ❹□社工 ❺□測驗 ❻□其他

七、如果您是老師，是否有撰寫教科書的計劃：□有□無

　　書名／課程：＿＿＿＿＿＿＿＿＿＿＿＿＿＿＿＿＿＿＿＿＿

八、您教授／修習的課程：

上學期：＿＿＿＿＿＿＿＿＿＿＿＿＿＿＿＿＿＿＿＿＿＿＿

下學期：＿＿＿＿＿＿＿＿＿＿＿＿＿＿＿＿＿＿＿＿＿＿＿

進修班：＿＿＿＿＿＿＿＿＿＿＿＿＿＿＿＿＿＿＿＿＿＿＿

暑　假：＿＿＿＿＿＿＿＿＿＿＿＿＿＿＿＿＿＿＿＿＿＿＿

寒　假：＿＿＿＿＿＿＿＿＿＿＿＿＿＿＿＿＿＿＿＿＿＿＿

學分班：＿＿＿＿＿＿＿＿＿＿＿＿＿＿＿＿＿＿＿＿＿＿＿

九、您的其他意見

謝謝您的指教！　　　　　　　　　　　　　　　51066